Documento de Trabajo
Serie Unión Europea y Relaciones Internacionales
Número 139/ 2024

Transparencia y acceso a los documentos de las instituciones de la Unión Europea durante el Procedimiento Legislativo Ordinario. Tratamiento por parte del Parlamento Europeo

María García de Quevedo Ortiz

El Real Instituto Universitario de Estudios Europeos de la Universidad CEU San Pablo, Centro Europeo de Excelencia Jean Monnet, es un centro de investigación especializado en la integración europea y otros aspectos de las relaciones internacionales.

Los documentos de trabajo dan a conocer los proyectos de investigación originales realizados por los investigadores asociados del Instituto Universitario en los ámbitos histórico-cultural, jurídico-político y socioeconómico de la Unión Europea.

Las opiniones y juicios de los autores no son necesariamente compartidos por el Real Instituto Universitario de Estudios Europeos.

Los documentos de trabajo están también disponibles en: www.idee.ceu.es

Serie *Unión Europea y Relaciones Internacionales* de documentos de trabajo del Real Instituto Universitario de Estudios Europeos

Transparencia y acceso a los documentos de las instituciones de la Unión Europea durante el Procedimiento Legislativo Ordinario. Tratamiento por parte del Parlamento Europeo

CEU *Ediciones*
Julián Romea 18, 28003 Madrid
Teléfono: 91 514 05 73, fax: 91 514 04 30
Correo electrónico: ceuediciones@ceu.es
www.ceuediciones.es

Real Instituto Universitario de Estudios Europeos
Avda. del Valle 21, 28003 Madrid
www.idee.ceu.es

ISBN: 978-84-19976-16-1
Depósito legal: M-6224-2024

Maquetación: Forletter, S.A.

Índice

1. Introducción

El derecho de acceso a los documentos, también conocido como libertad de información, es un derecho fundamental que permite a las personas solicitar y obtener información que obre en poder de organismos públicos o entidades privadas que desempeñen funciones públicas.

El acceso a los documentos de las instituciones, órganos y organismos de la Unión Europea (en adelante, UE) es uno de los elementos esenciales para garantizar su transparencia y está reconocido en el artículo 42 de la Carta de Derechos Fundamentales de la UE.

La transparencia y el acceso a la información son especialmente importantes en relación con los documentos relacionados con el proceso legislativo de la UE, en tanto que las normas adoptadas por las diferentes instituciones (Consejo, Parlamento y Comisión) tienen como destinatarios a los Estados miembros y sus ciudadanos. En particular, la confianza en las instituciones y la plena participación en la vida democrática se construyen sobre la base del conocimiento de las iniciativas y actuaciones de estas instituciones y de sus procesos de adopción de decisiones.

Las normas sobre el acceso a los documentos figuran en el Reglamento (CE) nº 1049/2001 del Parlamento Europeo y del Consejo, de 30 de mayo de 2001, relativo al acceso del público a los documentos del Parlamento Europeo, del Consejo y de la Comisión (en adelante, Reglamento 1049/2001). Este Reglamento obliga a las instituciones de la UE a divulgar los documentos en su poder y a mantener su registro para que cualquier ciudadano pueda solicitar su divulgación. En especial, obliga a proporcionar un mayor acceso a los documentos en los casos en que las instituciones actúen en su capacidad legislativa. No obstante, el Reglamento 1049/2001, en su artículo 4, establece una serie de excepciones que operan como restricciones al derecho de acceso a los documentos.

Si bien el artículo que se ocupa de esta materia (art. 4) supuso en su momento un indudable avance en el ámbito de la transparencia, es precisamente en el régimen de excepciones donde la aplicación del Reglamento ha suscitado algunos problemas de interpretación jurídica sobre los que el Tribunal de Justicia de la Unión Europea (en adelante, TJUE) se ha ido pronunciando en las últimas dos décadas. Así pues, existe una asentada doctrina jurisprudencial sobre el acceso a los documentos de la UE que no se encuentra reflejada en su regulación.

Por otro lado, el Reglamento 1049/2001 tiene ya más de veinte años y fue adoptado en un contexto tecnológico radicalmente distinto del actual (que es más avanzado y digital). Hoy en día nos comunicamos de una forma completamente distinta a 2001. Muchas herramientas modernas como los teléfonos inteligentes, la mensajería instantánea y el *big data* no fueron tenidas en cuenta a la hora de adoptar el Reglamento 1049/2001.

En definitiva, la jurisprudencia establecida por el TJUE, la nueva era tecnológica en la que vivimos, así como las exigentes expectativas actuales de los ciudadanos europeos en materia de transparencia de las instituciones de la Unión Europea, plantean que se cuestione la eficacia de las normas vigentes de acceso a los documentos de la UE y se debata el futuro del Reglamento 1049/2001.

La revolución tecnológica ha tenido lugar en paralelo a la importante evolución institucional de la UE que supuso la entrada en vigor del Tratado de Lisboa. El proceso legislativo que se ha venido consolidando en ese nuevo marco constitucional de la UE ha incorporado con carácter general los diálogos tripartitos, reforzando, a la vez, el papel del Parlamento Europeo.

Por ello, el objeto del presente Trabajo de Fin de Máster es estudiar el grado de transparencia de los diálogos tripartitos analizando la disponibilidad y accesibilidad que facilita el Parlamento Europeo de los documentos elaborados en dichas reuniones informales, y utilizando el marco jurídico proporcionado por el Reglamento 1049/2001 sobre el derecho de acceso a los documentos.

La hipótesis de este trabajo sostiene, por un lado, que los diálogos tripartitos no son debidamente transparentes, y, por otro, que la falta de transparencia se debe tanto a la incorrecta aplicación del Reglamento 1049/2001, como a las limitaciones que presenta la norma en sí. Con ello se busca reconocer que la cuestión de la transparencia va más allá de la mera aplicación del marco normativo y que puede deberse a las posibles limitaciones del mismo. Este segundo aspecto clave, busca proporcionar un nivel adicional de investigación y arrojar luz sobre los factores que menoscaban la transparencia en el proceso legislativo.

Al combinar estos dos elementos, la hipótesis permite establecer una dirección clara para la investigación, abriendo una vía para evaluar la transparencia *de facto* de las instituciones de la UE, al tiempo que se sugiere la necesidad de cambios normativos para alcanzar un mayor nivel de transparencia y garantizar un derecho efectivo de acceso a los documentos.

Para comprobar esta hipótesis, la primera parte del trabajo hace hincapié en la definición de transparencia y de derecho de acceso a documentos, ofreciendo una visión general de su origen y evolución en la Unión Europea. A continuación, el trabajo se ocupa de la norma que establece los principios generales y límites que rigen el derecho de acceso a los documentos, el Reglamento 1049/2001. En concreto, este capítulo realiza un análisis profundo del ámbito de aplicación del Reglamento 1049/2001, definiendo los documentos, beneficiarios e instituciones cubiertos por sus disposiciones y estableciendo los límites y excepciones del derecho de acceso a documentos. Además, se realiza una revisión del acervo jurisprudencial comunitario más relevante sobre la materia para ofrecer una visión más completa y enriquecedora de los principios y límites del derecho de acceso.

Dado que el Reglamento 1049/2001 afianza los principios fundamentales de transparencia, apertura, rendición de cuentas y participación ciudadana, esenciales para la legitimidad y funcionamiento de la Unión Europea, dedicar una parte importante del trabajo a analizarlo permitirá evaluar, por un lado, en qué medida sus principios y disposiciones se aplican en el contexto de los diálogos tripartitos, y por otro, hasta qué punto el Reglamento 1049/2001 sigue siendo pragmático veinte años más tarde.

Por otro lado, en la segunda parte del trabajo ofrezco una conceptualización de la transparencia de los diálogos tripartitos. Para ello, realizo una síntesis de los principales elementos que la determinan, a partir de la literatura académica y de las exigencias de la normativa europea en vigor relativas al acceso a documentos legislativos. Posteriormente, agrupo dichos elementos en cinco grandes dimensiones y explico en qué consiste cada una de ellas.

En último lugar, dado que el objetivo de este trabajo se centra en comprobar que los diálogos tripartitos no son debidamente transparentes, utilizo los elementos considerados en el apartado anterior y operacionalizo la transparencia en dicho ámbito según las exigencias del marco normativo del derecho a documentos y las recomendaciones de la Defensora del Pueblo Europeo. A continuación, procedo, mediante un cuestionario, a verificar la hipótesis que se ha venido sosteniendo y, finalmente, discuto los resultados obtenidos.

Como se venía diciendo, la transparencia y el reconocimiento del derecho de acceso a documentos son dos elementos esenciales de la acción política democrática dado que, junto con las normas de buen gobierno, proporcionan un mayor control de los poderes públicos, permiten una democracia más profunda y propician procesos de gestión pública más sólidos (FILGUEIRAS, 2015: 1; TORRES-FERNÁNDEZ *et al.*, 2022: 21).

No obstante, aunque la transparencia y el derecho de acceso a los documentos son conceptos estrechamente relacionados y suelen aparecer de forma conjunta, conviene mencionar que existen algunas diferencias importantes entre ellos (ABAD ALCALÁ, 2010: 12).

La transparencia se asocia a los principios de apertura y publicidad según los cuales la Administración debe ser abierta y responsable ante los ciudadanos. Exige, en concreto, que los poderes públicos proporcionen información, datos o documentos que se encuentran en su poder sobre sus decisiones, políticas y actividades, y que lo hagan de forma clara, accesible y oportuna. La transparencia es un concepto más amplio que el derecho de acceso a los documentos, ya que abarca no sólo el derecho de acceso, sino también la divulgación proactiva de información por parte de las autoridades públicas, sin necesidad de una obligación legal (ABAD ALCALÁ, 2010:12).

El derecho de acceso a los documentos, por otra parte, es un derecho legal específico que permite a los particulares solicitar y obtener información que obre en poder de organismos públicos o entidades privadas que desempeñen funciones públicas. Dada la obligación legal a la que están sometidos, los poderes públicos deben divulgar los documentos solicitados, sin perjuicio de posibles excepciones para la protección de determinados bienes jurídicos. El derecho de acceso a los documentos es un medio para promover la transparencia y la rendición de cuentas al permitir a los particulares examinar las actuaciones de las autoridades públicas (mediante la solicitud de documentos) y exigirles responsabilidades (TORRES-FERNÁNDEZ *et al.*, 2022: 21-25).

En definitiva, aunque la transparencia y el derecho de acceso a los documentos comparten el objetivo de promover la apertura y la rendición de cuentas, difieren en su alcance y aplicación. La transparencia es un principio general que se aplica a todos los aspectos del gobierno y de la vida pública, mientras que el derecho de acceso a los documentos es un derecho legal específico que se limita a ciertos tipos de información y documentos. Además, mientras que la transparencia exige publicidad en la actuación de las autoridades públicas y la divulgación de la información que obre en su poder de forma proactiva, el derecho de acceso a los documentos se activa mediante la solicitud de un particular y suele estar consagrado por ley.

2. Origen y evolución del derecho de acceso a los documentos

El nacimiento y evolución del derecho de acceso a los documentos se han visto impulsados principalmente por una mayor exigencia de transparencia, rendición de cuentas y control de las instituciones y poderes públicos por parte de la ciudadanía, pues como ya se ha dicho, se trata de elementos fundamentales en la democratización profunda del Estado (FILGUEIRAS, 2015: 1). Ahora bien, la apertura, transparencia y el acceso a la información son fenómenos relativamente recientes.

Hasta hace poco, las actuaciones y la información de los poderes públicos han sido secretas. En la antigüedad, los gobernantes y dirigentes solían ocultar al público sus acciones e información, pues creían que el conocimiento público podía amenazar su poder o perjudicar los intereses del Estado.

WEBER (1964: 745) subrayó el fenómeno burocrático del «secreto profesional» al afirmar la existencia de la proclividad de toda burocracia a *"incrementar la superioridad del saber profesional por medio del secreto de sus conocimientos e intenciones".* Así pues, según WEBER, el gobierno burocrático tiende a excluir la publicidad de sus actos y *"oculta en la medida de lo posible su saber y su actividad frente a la crítica".*

Por otro lado, el secretismo puede ser un medio para mantener el poder y el control. En efecto, WEBER (1964: 745) pone de manifiesto que *"la tendencia al secreto se deriva en determinados sectores de gobierno de su misma naturaleza y se manifiesta siempre allí donde se trata de los intereses de poder hacia fuera mantenidos por la organización correspondiente, ya sea frente a los competidores económicos de una empresa privada, o bien, cuando se trata de organizaciones políticas, frente a organizaciones extranjeras potencialmente enemigas".* De esta forma, al controlar el acceso a la información, los gobiernos, o cualquier organización, pueden limitar el escrutinio público y la rendición de cuentas, e impedir la disidencia o la oposición. Además, el continuismo propio de los Estados absolutistas, así como la eficacia administrativa o la actitud recelosa de los funcionarios a perder su poder, son argumentos que también han sido empleados para justificar el secretismo de la Administración (SÁNCHEZ DE DIEGO, 2008: 14).

En resumen, las razones del secreto administrativo y gubernamental son complejas y variadas, y a menudo implican una combinación de factores históricos, culturales y políticos. Durante mucho tiempo, políticos, funcionarios y burócratas han operado en una cultura de secretismo y se han podido ver inclinados a controlar estrictamente la información y limitar su acceso.

La primera ley que recogió la idea del acceso de información fue la ley sueca de libertad de prensa de 1766[1], no obstante, la libertad de información empezó a cobrar fuerza en muchos países hace solo unas décadas, es el caso de Finlandia, Noruega o los Países Bajos, entre otros (MUSTONEN, 2006: 15). Precisamente, en 1990 sólo había 12 leyes sobre la materia y ahora hay más de 65 (ACCESS INFO EUROPE, 2006: 3).

En las décadas de 1960 y 1970, el derecho de acceso a la información obtuvo un mayor reconocimiento cuando varios países, entre ellos Estados Unidos (con la Ley de Libertad de Información de Estados Unidos introducida en 1966 y modificada en 1974 tras el escándalo Watergate), Canadá o el Reino Unido, aprobaron leyes de libertad de información. Estas leyes permitían a los individuos acceder a información a través de documentos o registros (es decir, los creados formalmente por la administración como parte de sus funciones), en poder de organismos administrativos, pero no en los ejecutivos, legislativos o judiciales (ACCESS INFO EUROPE, 2006: 4)

A lo largo de la década de 1990 y en los primeros años del nuevo siglo, las nuevas democracias de Europa del Este adoptaron leyes de acceso a la información. La sociedad civil exigió más información al gobierno y una mayor participación en él. La transparencia y la rendición de cuentas se consideraron ingredientes fundamentales para prevenir los abusos de poder que habían propiciado el ascenso de los regímenes fascistas y comunistas. Esto se

---

1   La ley establece la libertad de prensa, incluida la libertad de imprimir y difundir material sobre el gobierno, los tribunales y el parlamento. La ley, que forma parte de la Constitución sueca, reconoce que la libertad de prensa está supeditada al acceso a la información y establece que *"a tal fin, debe permitirse el libre acceso a todos los archivos, con el fin de copiar dichos documentos in loco u obtener copias certificadas de los mismos".*

tradujo en la aprobación de leyes de acceso a la información en los países postcomunistas tras la caída del muro de Berlín, es el caso de Polonia, Eslovaquia o Hungría (ACCESS INFO EUROPE, 2006: 4).

Desde entonces, el derecho de acceso a los documentos ha seguido evolucionando y ampliando su alcance. La exigencia ciudadana de una mayor responsabilidad, transparencia y participación en los procesos de toma de decisiones ha hecho que hoy en día el derecho de acceso a los documentos esté reconocido en muchos países y protegido por las leyes internacionales de derechos humanos[2].

Asimismo, el ámbito de aplicación de las leyes de acceso a la información se ha ido ampliando a lo largo de las últimas décadas abarcando todas las ramas del gobierno y todos los organismos que desempeñan funciones públicas o cubiertos por fondos públicos.

En definitiva, las leyes de transparencia y acceso a la información de los poderes públicos se han convertido cada vez más en una condición *sine qua non* de un país democrático (ACCESS INFO EUROPE, 2006: 5).

2.1. La evolución de la normativa sobre el derecho de acceso a los documentos de la Unión Europea

Aunque el Derecho nacional de los Estados miembros es sin duda la principal fuente de inspiración de las decisiones supranacionales de la UE, hay ciertos rasgos del derecho de acceso a documentos a nivel de la UE que no están presentes en el Derecho nacional, por lo que existen diferentes intensidades de amplitud y profundidad en el Derecho de los Estados miembros y en el de la UE en materia de acceso a documentos (ROSSI, 2017: 5). No obstante, dada la extensión limitada del presente trabajo, el estudio abordará el derecho de acceso a documentos en el ámbito de la Unión Europea, no en cambio, en el de los Estados miembros, pues tendría que ser objeto de un análisis más detallado.

La atención a la transparencia y el derecho de acceso a documentos no fue una preocupación fundamental en los primeros años de funcionamiento de la Comunidad Económica Europea. Lo único que los Tratados constitutivos recogían sobre esta materia era el deber de publicación y motivación de los actos jurídicos, en virtud de los artículos 190 y 191 del TCEE (ABAD, 2010: 14).

Sin embargo, esto cambió con la creciente comunitarización de las políticas europeas. Las nuevas formas de equilibrio de poder interinstitucional y la evolución de un estilo diferente de elaboración de políticas – en el que se entremezclan los niveles nacional y supranacional – conllevó a una reiterada exigencia de una mayor transparencia en el proceso de toma de decisiones comunitario, que se materializó en las reuniones del Consejo Europeo en Birmingham (16 de octubre de 1992), Edimburgo (12 de diciembre de 1992) y Copenhague (22 de junio de 1993) (DONATI, 2011: 3-4).

En concreto, la idea de apertura y transparencia se vuelve especialmente relevante desde el Consejo Europeo de Birmingham de 16 de octubre de 1992. La Declaración posterior titulada *Una comunidad cercana a sus ciudadanos* declaraba que "las decisiones deben ser tomadas lo más cerca posible de los ciudadanos" (DÜRO, 2009: 19).

En consonancia con la orientación formulada por el Consejo Europeo en sus distintas reuniones, el Consejo y la Comisión aprobaron el 6 de diciembre de 1993 el *Código de Conducta relativo al acceso del público a los documentos del Consejo y de la Comisión*[3] (93/730/CE). Se trata de un acuerdo interinstitucional mediante el cual se fijan los principios y procedimientos para garantizar un mayor acceso del público a los documentos en posesión del Consejo y la Comisión. El Código de conducta se basa en la premisa de que la transparencia en el proceso de toma de decisiones fortalece la naturaleza democrática de las instituciones y promueve la confianza del público en la administración. Además, señala la importancia de acordar principios para regular el acceso a los documentos y

---

2   Por ejemplo, el artículo 19 de la Declaración Universal de Derechos Humanos de las Naciones Unidas establece que: *"Todo individuo tiene derecho a la libertad de opinión y de expresión; este derecho incluye el de no ser molestado a causa de sus opiniones, el de investigar y recibir informaciones y opiniones, y el de difundirlas, sin limitación de fronteras, por cualquier medio de expresión".*

3   Código de conducta relativo al acceso del público a los documentos del Consejo y de la Comisión (93/730/CE). DOCE, L 340, de 31 de diciembre de 1993, p. 41.

establece que cada institución deberá implementar estos principios a través de regulaciones específicas. Así pues, se pueden identificar en el Código de conducta varios principios generales del régimen de acceso a documentos.

Sobre el concepto de «documento», el Código de conducta introduce una definición amplia del término (DÍAZ ABAD, 2011: 4) y lo define como cualquier escrito, en cualquier formato, que contenga datos existentes y esté en posesión de estas instituciones. Por consiguiente, el concepto de documento se interpreta de manera amplia, abarcando cualquier forma de registro o información, independientemente de su formato o soporte.

Por otro lado, este Acuerdo Interinstitucional ya contempla supuestos en los que las instituciones pueden negar el acceso a los documentos, principalmente para proteger el interés público, la privacidad individual, los secretos comerciales e industriales, los intereses financieros de la Comunidad y la confidencialidad solicitada por terceros o requerida por la legislación nacional. Es más, en su último apartado, el Código de conducta establece que las instituciones *"podrán denegar el acceso a los documentos para salvaguardar el interés de las mismas en mantener el secreto de sus deliberaciones".*

De este modo, se puede extraer el principio del perjuicio, a saber, que la negativa a divulgar un documento debe basarse en un análisis del perjuicio que su divulgación podría causar a los intereses públicos o privados mencionados explícitamente en la normativa. Asimismo, el Código prevé un procedimiento de recurso administrativo contra la decisión que resuelva una solicitud confirmatoria de acceso, permitiendo a los solicitantes impugnar una negativa y buscar una revisión de la decisión. Por último, se menciona la posibilidad de presentar una denuncia al Defensor del Pueblo Europeo en caso de insatisfacción con el procedimiento de la solicitud de acceso a documentos (DÍAZ ABAD, 2011: 4).

Estos principios fueron aplicados por el Consejo mediante la Decisión 93/731 de 20 de diciembre de 1993[4] y por la Comisión mediante la Decisión 94/90 de 8 de febrero de 1994[5]. Dichos instrumentos jurídicos, en línea con el Código de conducta, establecieron las pautas y procedimientos para la presentación de solicitudes de acceso a los documentos, así como los plazos y mecanismos para la tramitación de estas solicitudes a cada Institución. También establecieron determinadas excepciones y limitaciones en las cuales el acceso a los documentos puede ser denegado.

En este contexto, el Tribunal de Justicia de la Unión Europea fue llamado para pronunciarse por primera vez sobre determinadas cuestiones relativas al acceso a documentos.

Primeramente, en el asunto T-194/94[6], el Tribunal de Primera Instancia (en adelante, TPI) anuló una decisión del Consejo que denegaba el acceso a los informes preparatorios, actas y registros de asistencia y de voto de reuniones del Consejo en la medida en que el Consejo no ponderó los intereses en conflicto.

Dos años más tarde, el Tribunal de Justicia (en lo sucesivo, TJ) se pronunció sobre la legitimidad de la disciplina introducida por el Código de Conducta y la Decisión nº 93/731. Mediante su sentencia de 30 de abril de 1996 (Asunto C-58/94, Reino de los Países Bajos contra Consejo de la Unión Europea), el Tribunal de Justicia identificó la base jurídica de dicha disciplina en la potestad de organización interna de los órganos de las instituciones comunitarias (DONATI, 2011: 5).

El asunto tenía por objeto un recurso de anulación de la Decisión 93/731 del Consejo, que se refiere al artículo 22 del Reglamento Interno del Consejo, y del Código de conducta sobre el acceso del público a los documentos del Consejo y de la Comisión.

En este asunto, los Países Bajos recibieron apoyo del Parlamento Europeo, mientras que el Consejo recibió respaldo de la Comisión y de Francia. A partir de este caso, se evidencia la existencia de diferentes culturas jurídicas entre los Estados miembros con respecto al acceso a documentos. En efecto, mientras que los países del norte de Europa, especialmente los países escandinavos, tienen una larga tradición de transparencia en la actuación de las administraciones públicas, los países del sur adoptan una postura más restrictiva en esta cuestión. Esta dualidad se

---

4   DO L 340 de 31.12.1993, p. 43. Decisión cuya última modificación la constituye la Decisión 2000/527/CE (DO L 212 de 23.8.2000, p. 9).

5   DO L 46 de 18.2.1994, p. 58. Decisión modificada por la Decisión 96/567/CE, CECA, Euratom (DO L 247 de 28.9.1996, p. 45).

6   Sentencia del Tribunal de Primera Instancia de 19 de octubre de 1995, *John Carvel & Gardian Newspaper* contra Consejo de la Unión Europea, T-194/94, ECLI:EU:T:1995:183

ha venido reflejando en la práctica, con diferentes posturas respaldadas por unos u otros Estados miembros en los numerosos casos que el TJUE ha ido analizado a lo largo de los años (DIAZ ABAD, 2011: 5).

El Tribunal de Justicia determinó que el recurso presentado era inadmisible en lo que respecta al Código de conducta del Consejo y de la Comisión, pues solo los actos destinados a tener efectos jurídicos pueden ser objeto de un recurso de anulación, y el Código de conducta, según el TJ, *"al tratarse de un acto que constituye la expresión de una mera coordinación voluntaria y que, por consiguiente, no está en sí mismo destinado a producir efectos jurídicos, (...) no puede ser objeto de un recurso de anulación".* Además, los otros actos impugnados fueron considerados conformes a Derecho, desestimando las alegaciones presentadas por el gobierno neerlandés de desviación de poder, uso de una base jurídica incorrecta y violación del principio del equilibrio institucional.

En esta resolución, el Tribunal de Justicia descartó la existencia de un principio general del Derecho comunitario destinado a garantizar el acceso a los actos de las instituciones, como había sostenido el Abogado General Sr. Tesauro en sus conclusiones presentadas el 28 de noviembre de 1995. De hecho, en el apartado 14 de las conclusiones, el Sr. Tesauro indica que *"el hecho de que la publicidad es inherente a un sistema democrático resulta claramente del examen comparativo de los ordenamientos de los países miembros de la Comunidad, que reconocen todos un amplio derecho de los ciudadanos a ser informados, aunque varíe el rango de la fuente normativa que reconoce y regula dicho derecho, así como sus límites".*

Por su parte, el TJ subraya, en el apartado 37 de la sentencia, que *"mientras que el legislador comunitario no haya adoptado una normativa general sobre el derecho de acceso del público a los documentos que obran en poder de las instituciones comunitarias, éstas deben adoptar las medidas que tengan por objeto la tramitación de tales solicitudes en virtud de su facultad de organización interna, que las habilita para adoptar medidas apropiadas con vistas a garantizar su funcionamiento interno en interés de una buena administración".*

En esta fase, por tanto, se consideró que cada institución era libre de reconocer o no el derecho de acceso a sus documentos y de establecer sus límites. A pesar de haber acogido una interpretación tan restrictiva de la normativa comunitaria en materia de acceso a documentos, el Tribunal de Justicia se esforzó en subrayar, en el apartado 34, que: *"la normativa interna de la mayoría de los Estados miembros consagra actualmente de manera general, con carácter de principio constitucional o legislativo, el derecho de acceso del público a los documentos que obran en poder de las autoridades públicas"* y que, *"en el ámbito comunitario, la importancia de dicho derecho ha sido corroborada en repetidas ocasiones, y especialmente en la Declaración relativa al derecho de acceso a la información, que figura en anexo (n° [1]7) al Acta final del Tratado de la Unión Europea, que vincula este derecho al carácter democrático de las Instituciones* (apartado 35). Estas declaraciones presagiaban así una evolución futura hacia el pleno reconocimiento a escala comunitaria del derecho de acceso a documentos.

En 1997, el Parlamento Europeo aprobó la Decisión 97/632/CE, CECA, Euratom, el 10 de julio de 1997, que abordaba el acceso del público a los documentos del Parlamento Europeo[7]. Durante este período, también se observó un aumento en la jurisprudencia relacionada con el acceso a los documentos, donde se enfatizaba la importancia de la justificación y se abogaba por una interpretación más restrictiva en cuanto a las excepciones al acceso a los documentos. Además, esta cuestión comenzó a tratarse fuera del marco institucional de la Unión, y en esos años se adoptaron diversas normas específicas por parte de Agencias y otros organismos de la UE[8].

---

7   2 DO L 263, de 25.9.97, p.70, Decisión sustituida por el Reglamento 1049/2001.

8   Decisión relativa a acceso al público de los documentos de la Agencia Europea de Medio Ambiente (DO C 282, de 18.9.97, p.5) del Comité de Dirección del BEI (DO C 243, de 9.8.97), derogadas y sustituidas por las normas adoptadas por el Comité de dirección del BEI de 27.11.029; la Decisión nº 18/97 por la que se establecen normas internas relativas al tratamiento de las solicitudes de acceso a los documentos de que dispone el Tribunal de Cuentas (DO C 295, de 23.9.98), derogadas por la Decisión 12/2005, de 10 de marzo de 2005; Decisión del Comité Económico y Social relativa al acceso del público a los documentos del CES (DO L 10.12.97, p. 18), derogada por la decisión del CES de 1 de julio de 2003; Decisión nº 9/97 relativa al acceso público a los documentos administrativos del Instituto Monetario Europeo (DO L 90, de 25.3.98, p. 43); Decisión del Comité de las Regiones relativa al acceso al público a los documentos del Comité de las Regiones (DO L 35, de 23.12.97, p. 70), derogada por la Decisión nº 64/2003, de 11 de febrero; Decisión del Consejo de Dirección relativa al acceso del público a los documentos de la Fundación Europea para la Formación (DO C 369, de 10.2.98, p. 9); Decisión BCE/1998/12 del Banco Central Europeo relativa al acceso público de los documentos y archivos del BCE (DO L 110, de 28.4.99, p. 30) que sustituye a la Decisión del IME anteriormente citada y que a su vez fue derogada por la Decisión BCE/2004/3; Decisión 1999/738/CE de la Fundación Europea para la Mejora de las Condiciones de Vida y de Trabajo sobre un código de conducta relativo al acceso al público a los documentos de la Fundación Europea para la Mejora de las Condiciones de Vida y de Trabajo (DO L 296, de 17.11.99, p. 25).

Posteriormente, el derecho de acceso a los documentos se vio reforzado por el Tratado de Ámsterdam de 1997, al contemplar, en concreto, este derecho en su art. 255 TCE, junto con las Declaraciones anexas nº 35 y nº 41 (ABAD, 2010: 14).

Aunque el Tratado de Ámsterdam supuso un paso más en esta materia, no llegó a consagrar la existencia de un principio general de acceso a los actos de las instituciones europeas (DONATI, 2011: 6). El Tratado, tras declarar que las instituciones deben actuar de conformidad con el principio de apertura (art. 1 TUE), concedió a los ciudadanos y residentes de los Estados miembros un derecho de acceso a los documentos del Parlamento Europeo, del Consejo y de la Comisión (art. 255, apartados 1 y 2 TCE).

No obstante, la regulación del ejercicio de este derecho se pospuso a un acto normativo específico – con arreglo al procedimiento previsto en el artículo 251 del TCE – que contuviera *"los principios generales y límites por motivos de interés público o privado"* (art. 255.2 TCE) y se otorgó a cada institución la facultad de definir *"en su reglamento interno disposiciones específicas sobre el acceso a sus documentos"* (arts. 255.3 y 207.3 TCE).

El artículo 255 se aprobó gracias a la influencia holandesa y la presión de los países nórdicos (COTINO, 2005: 733). Además, dicho artículo responde al aumento del interés de los ciudadanos por participar en los procedimientos legislativos, pues el alcance de la previsión del Tratado está limitado explícitamente a las instituciones que se encuentran involucradas en el proceso de toma de decisiones de la Unión (DÜRO, 2009: 24).

En cuanto a la Declaración nº35 anexa al Tratado, dispone que *"La Conferencia conviene en que los principios y condiciones contemplados en el apartado 1 del artículo 191 A del Tratado constitutivo de la Comunidad Europea permitirán a un Estado miembro solicitar a la Comisión o al Consejo que no comunique a terceros un documento originario de dicho Estado sin su consentimiento previo".* Esta Declaración concede a los Estados miembros un control sobre la divulgación de sus propios documentos por parte de las instituciones de la UE, asegurando que su información se mantenga confidencial a menos que otorguen su consentimiento expreso para su divulgación. Es una medida que respeta la soberanía y el interés del Estado miembro en proteger cierta información sensible.

A su vez, la Declaración nº41, establece que *"La Conferencia considera que el Parlamento Europeo, el Consejo y la Comisión, cuando actúan a título del Tratado constitutivo de la Comunidad Europea del Carbón y del Acero y del Tratado constitutivo de la Comunidad Europea de la Energía Atómica, deberían inspirarse en las disposiciones en materia de transparencia, de acceso a los documentos y de lucha contra el fraude vigentes en el marco del Tratado constitutivo de la Comunidad Europea".* En otras palabras, mediante esta Declaración se espera que las instituciones adopten prácticas similares a las establecidas en el Tratado de la Comunidad Europea en términos de apertura, acceso a la información y prevención del fraude.

El ámbito de aplicación de la normativa vigente en aquel momento sobre derecho de acceso se reducía básicamente a los documentos en poder de las Instituciones que estas hubieran redactado. Por lo que, en caso de que el documento tuviera otro autor, el solicitante había de dirigir su solicitud directamente al mismo que lo redactó. Era la llamada «regla del autor», y fue avalada por la jurisprudencia (véase, en particular, la sentencia del TPI de 19 de julio de 1999, *Rothmans International BV* contra Comisión, asunto T-188/97, ECLI:EU:T:1999:156, apartado 7). De hecho, la jurisprudencia consideró legítima la exclusión de la divulgación de documentos emitidos por terceros en ausencia de una norma superior que prevea su prohibición. Sin embargo, se estableció que las declaraciones de política general y las Conclusiones de los Consejos posteriores no se consideran documentos emitidos por terceros y, por lo tanto, no estarían sujetos a esta regla (véase la sentencia del TPI de de 7 de diciembre de 1999, *Interporc Imund Export GmbH* contra Comisión, asunto T-92/98, ECLI:EU:T:1999:308, apartado 66).

La jurisprudencia también determinó que la regla de autor, al ser una limitación al principio de transparencia, debe interpretarse de manera restrictiva. Esto significa que, en caso de dudas sobre la identidad del autor, ya sea comunitario o no, no se puede denegar el acceso al documento (sentencia *Rothmans International BV*/Comisión, antes citada, apartado 54).

En todo caso, el TPI estimó que los documentos emitidos por Comités de Representantes de los Estados, presididos por representantes de la Comisión, y que asisten a la Comisión en la ejecución de sus tareas (conocido como "comitología"), dependen de la Comisión, y, por lo tanto, deben considerarse documentos de la Comisión, a los efectos de acceso a los documentos (sentencia *Rothmans International BV* contra Comisión, antes citada, apartado 62). Esta interpretación amplió significativamente el alcance de la normativa en cuanto al acceso a documentos.

En la sentencia del Tribunal de Primera Instancia del 19 de julio de 1999, en el caso *Heidi Hautala* contra Comisión (asunto T-14/98), se anuló la decisión del Consejo que denegaba el acceso al informe del grupo de trabajo sobre exportaciones de armamento convencional, solicitado por la Sra. Hautala, miembro del Parlamento Europeo. El informe fue elaborado en el marco del sistema de correspondencia europea denominado "Coreu"[9], utilizado para la Política Exterior y de Seguridad Común (PESC).

La justificación de la negación del acceso se basó en la protección de los intereses públicos en las relaciones internacionales y la posible afectación de las relaciones de la UE con estados terceros. En esta sentencia el TPI examinó la posibilidad de conceder un acceso parcial al documento y realizó una interpretación del artículo 4, apartado 1, de la Decisión 93/731 (acceso a documentos del Consejo) a la luz del derecho a la información y el principio de proporcionalidad (sentencia *Heidi Hautala* contra la Comisión, antes citada, apartado 87).

El TPI concluyó que la Decisión no obligaba explícitamente al Consejo a considerar un acceso parcial a los documentos, pero tampoco prohibía tal posibilidad (apartado 78). De acuerdo con el principio de proporcionalidad, el Consejo tendría la facultad de evaluar el interés público de permitir el acceso a partes fragmentarias de un documento y la carga de trabajo que ello implicaría en casos particulares (apartado 86).

Según el TPI, el enfoque del Consejo, que limitaba el acceso a los documentos en su forma existente y no a los elementos de información contenidos en ellos, era incorrecto. Por lo que, en la medida que el Consejo no examinó la posibilidad de conceder el acceso parcial a los datos no amparados por las excepciones, el TPI declaró que la decisión impugnada adolecía de un error de Derecho y, por ende, fue anulada (apartados 87 y 88).

El Consejo, junto con el Reino de España personado como coadyuvante, recurrió en casación dicha sentencia. En el proceso, la Sra. Hautala recibió el apoyo de Dinamarca, el Reino Unido, Suecia y Finlandia. Una vez más, en el caso mencionado, se pone de manifiesto el impacto de las distintas posturas y culturas jurídicas existentes entre los Estados miembros en lo que respecta a la interpretación y aplicación de las normativas relacionadas con la transparencia y el acceso a la información pública.

En lo que concierne al recurso, el Consejo argumentó que la Decisión 93/731 no le imponía la obligación de considerar un acceso parcial al documento ni de crear un nuevo documento que contuviera solo los elementos de información que podrían divulgarse. Además, el Consejo sostuvo que la finalidad de la Decisión no era consagrar un derecho a la información, sino garantizar el acceso a los documentos existentes en el Consejo. Según el Consejo, el principio de proporcionalidad fue aplicado incorrectamente.

En su sentencia del 6 de diciembre de 2001 (Asunto C-353/99 P), el Tribunal de Justicia consagró el derecho de acceso a la información, subrayando la importancia de que el público tenga acceso a los documentos en posesión de las autoridades públicas. También hizo hincapié en el hecho de que la Declaración n° 17 del Tratado de Maastricht "*vincula este derecho al carácter democrático de las instituciones*" (apartado 24). El TJ consideró que la interpretación sostenida por el Consejo y el Gobierno español, que limitaba el acceso a los elementos de información no amparados por las excepciones establecidas en la Decisión 93/731, podía menoscabar injustificadamente el derecho de acceso del público, lo que implicaría una reducción considerable de la eficacia de ese derecho (apartado 26).

En relación con el principio de proporcionalidad, el TJ concluyó que negar el acceso parcial a los elementos de información, en casos en los que alguna de las excepciones se aplique, sería una medida manifiestamente desproporcionada para proteger la confidencialidad de dichos elementos. En consecuencia, el TJ desestimó el recurso de casación (apartado 29).

En definitiva, a golpe de sentencia se estableció que el acceso a los documentos no se limita únicamente a la forma existente del documento, sino que también puede abarcar los elementos de información contenidos en ellos.

---

9   "Coreu" (CORrespondencia EUropea) es una red de comunicación cuya información no se comparte mediante los canales convencionales de distribución de documentos, sino que está restringido a un número limitado de destinatarios autorizados, que incluyen los Estados miembros, la Comisión y el Secretario General del Consejo (véase la página https://eur-lex.europa.eu/ES/legal-content/glossary/coreu-corespondance-europ-enne.html)

Además, se reconoció la posibilidad de conceder un acceso parcial al documento y se subrayó la importancia de interpretar la Decisión 93/731 de acuerdo con el derecho a la información y el principio de proporcionalidad.

Esta decisión consagra una concepción no formalista del concepto de documento, que se relaciona con su contenido más que con su forma, y refuerza el carácter fundamental del derecho de los ciudadanos a acceder a la información, independientemente del medio en el que se encuentre dicha información (DÍAZ ABAD 2011: 10).

2.2. Marco normativo en vigor en materia de derecho de acceso a los documentos de la Unión Europea

El Reglamento (CE) nº 1049 de 2001 aplicó las disposiciones del artículo 255 del TCE, tomándolo como base jurídica, y, mediante el procedimiento de codecisión establecido en el artículo 251 TCE, definió los principios, alcance, límites y modalidades del ejercicio del derecho de acceso a los documentos del Parlamento Europeo, del Consejo y de la Comisión.

Si bien se examinará en profundidad más adelante, el Reglamento concedió una importancia central al principio de apertura y transparencia, expresamente reconocido en el artículo 1 del TUE, ya que *"permite garantizar una mayor participación de los ciudadanos en el proceso de toma de decisiones, así como una mayor legitimidad, eficacia y responsabilidad de la administración para con los ciudadanos en un sistema democrático"* (considerando 2 del Reglamento 1049/2001). Este Reglamento configuraba, por tanto, el derecho de acceso como un instrumento para garantizar la transparencia de las instituciones y reforzar su legitimidad. Desde esta perspectiva, la norma pretendía *"garantizar de la manera más completa posible el derecho de acceso del público a los documentos"* (considerando 4 del Reglamento 1049/2001) eliminando en la medida de lo posible las restricciones a su ejercicio.

Además, el Reglamento 1049/2001 introduce algunas novedades en esta materia. A partir del análisis comparativo realizado para la adopción del Reglamento se llegó a la conclusión de que el derecho de acceso se debe aplicar a todos los documentos en poder de la Administración, independientemente de su autoría (aunque en algunos sistemas se requiere consultar al autor o respetar la clasificación que este haya asignado al documento si no es de su autoría) (GUICHOT, 2003: 301). En consecuencia, el Reglamento suprime la «regla del autor» que recogía el Código de conducta y amplía el derecho de acceso extendiendo su alcance a todos los documentos en poder de las Instituciones, ya sean elaborados por las mismas o recibidos de otros sujetos y que estén en su posesión (art. 2.1 Reglamento 1049/2001).

Asimismo, el Reglamento modifica el régimen de excepciones de acceso e incluye aquellas relacionadas con la defensa y asuntos militares, así como la relativa al asesoramiento jurídico (art. 4.1 a) y art. 4.2 del Reglamento). También obliga a las Instituciones a capacitar a su personal a asistir a los ciudadanos en el ejercicio de su derecho de acceso y a establecer un registro público de documentos para facilitarles dicho ejercicio (considerando 14 del Reglamento). Esta exigencia, a la vez que permite a los ciudadanos acceder de manera más fácil y transparente a la información, obliga a las instituciones de la UE a divulgar de forma proactiva –sin necesidad de que exista una solicitud– los documentos en su poder. Por otro lado, el Reglamento 1049/2001 prevé expresamente, en su artículo 7, el acceso parcial a los documentos, lo cual supone una de las principales innovaciones que se introducen en esta materia. Otra novedad es la reducción de los plazos de respuesta a 15 días laborables, con la opción de extenderlos por otros 15 días en casos debidamente justificados (DÍAZ ABAD, 2011: 14).

El Reglamento (CE) nº1367/2006, relativo a la aplicación de las disposiciones del Convenio de Aarhus a las instituciones y a los organismos comunitarios, previó entonces un refuerzo del derecho de acceso a los documentos de las instituciones comunitarias en materia de medio ambiente. En efecto, el artículo 3 de dicho Reglamento reconoce este derecho a cualquier persona física o jurídica, independientemente de su nacionalidad o Estado de residencia, y su ejercicio se amplía a los documentos de todas las instituciones y organismos comunitarios (mientras que el Reglamento 1049/2001 sólo aplica al Parlamento, al Consejo y a la Comisión). El Reglamento también prevé una aplicación restrictiva de las excepciones previstas en el artículo 4 del Reglamento 1049/2001 cuando se trata de información sobre cuestiones medioambientales (art. 6 del Reglamento 1367/2006).

El derecho de acceso a los documentos de la UE se reforzó aún más con la entrada en vigor del Tratado de Lisboa en 2009. En el artículo 15 del TFUE (antiguo artículo 255 del TCE), se reafirma el principio de transparencia, reconocido, a su vez, en el artículo 1 del TUE, con la obligación a las instituciones, órganos y organismos de la Unión de tomar sus decisiones de la forma más abierta posible.

El artículo 15 del TFUE también amplió el derecho de acceso a todos los documentos de las instituciones, órganos y organismos de la Unión (en cambio, el antiguo artículo 255 del TCE limitaba el acceso únicamente a los documentos del Parlamento, el Consejo y la Comisión). Esta disposición delegó la definición de los principios generales y las limitaciones al derecho de acceso a un reglamento del Parlamento Europeo y del Consejo, al que cada institución, órgano u organismo deberá adaptarse a la hora de definir el acceso a sus documentos. Se dictó una disciplina particular para el Tribunal de Justicia, el Banco Central Europeo y el Banco Europeo de Inversiones, respecto a los cuales el derecho de acceso a los documentos regulado por el artículo 15 del TFUE se aplica únicamente "*cuando ejercen funciones administrativas*".

Por último, el derecho de acceso a los documentos también está garantizado por el artículo 42 de la Carta de los Derechos Fundamentales de la Unión Europea, mediante el cual "*Todo ciudadano de la Unión y toda persona física o jurídica que resida o tenga su domicilio social en un Estado miembro tiene derecho a acceder a los documentos de las instituciones, órganos y organismos de la Unión, cualquiera que sea su soporte*".

Como es sabido, el artículo 6 del TUE reconoce a la Carta de 2007 "*el mismo valor jurídico que los Tratados*". El Tratado de Lisboa es, por ende, la culminación de un camino que ha llevado a fortalecer cada vez más el derecho de acceso a los documentos de la UE. Se produce un cambio significativo en comparación con la etapa inicial, en la que el reconocimiento del derecho de acceso se consideraba una opción autónoma que cada institución podía tomar en el ejercicio de su poder de organización interna (DONATI, 2011: 8).

3. Ámbito de aplicación del Reglamento (CE) nº 1049/2001

Este capítulo se ocupa del ámbito de aplicación del Reglamento 1049/2001 en cuatro apartados. El primero explica la cuestión del objeto del derecho de acceso a los documentos. El segundo explica los beneficiarios del Reglamento 1049/2001. El tercero expone las diferentes modalidades de acceso a los documentos en poder de las instituciones y la tramitación de las solicitudes de acceso en la práctica. Finalmente, el cuarto apartado analiza las excepciones al derecho de acceso, y, en particular, aquella relativa al proceso de toma de decisiones.

3.1. Objeto del derecho de acceso a los documentos

Según su artículo 2, apartado 3, el Reglamento 1049/2001 se aplica "*a todos los documentos que obren en poder de una institución; es decir, los documentos por ella elaborados o recibidos y que estén en su posesión, en todos los ámbitos de actividad de la Unión Europea*".

Además, se contempla el acceso a los denominados "documentos sensibles" definidos como aquellos "*que tengan su origen en las instituciones o en sus agencias, en los Estados miembros, en los terceros países o en organizaciones internacionales, clasificados como "TRÈS SECRET/TOP SECRET" "SECRET" o "CONFIDENTIEL" en virtud de las normas vigentes en la institución en cuestión que protegen intereses esenciales de la Unión Europea o de uno o varios Estados miembros*" en los ámbitos de la seguridad pública, la defensa y los asuntos militares, las relaciones internacionales y la política financiera, monetaria o económica de la Unión o de un Estado miembro. Así lo dispone el artículo 9.1 en relación con el artículo 4.1 letra a). De esta forma, no entran en el concepto de "documento sensible" los documentos clasificados como "RESTREINT UE" ni los clasificados como "CONFIDENTIEL UE", 16 "SECRET UE" y "TRÈS SECRET UE/EU TOP SECRET" que no se refieran a los ámbitos que recoge el artículo 9 (DÍAZ ABAD, 2010: 16).

Por el contrario, cuando un Estado miembro recibe una solicitud de un documento que obre en su poder y que tenga su origen en una institución, el artículo 5 dispone que deberá "*consultar a la institución de que se trate para tomar una decisión que no ponga en peligro la consecución de los objetivos del presente Reglamento, salvo que se deduzca con claridad que se ha de permitir o denegar la divulgación de dicho documento. Alternativamente, el Estado miembro podrá remitir la solicitud a la institución*".

En cuanto a la cuestión relativa a la naturaleza del objeto del derecho de acceso, el Reglamento 1049/2001 entiende por documento "*todo contenido, sea cual fuere su soporte (escrito en versión papel o almacenado en forma electrónica, grabación sonora, visual o audiovisual) referentes a temas relativos a las políticas, acciones y decisiones que sean competencia de la institución*" (art. 3, letra a).

La UE ha establecido una definición particular de lo que se considera un "documento" en el contexto de su legislación, y esta definición es independiente de las que utilizan los Estados miembros en sus legislaciones. Por lo tanto, cuando se trata de la definición y el alcance del término "documento" dentro del marco legal de la UE, no se deben tener en cuenta las diferentes tradiciones e interpretaciones que puedan existir entre los Estados miembros. La intención, como suele ser, es establecer una definición uniforme y consistente en toda la UE, independientemente de las diferencias que puedan existir entre las legislaciones nacionales.

En relación con esta distinción, conviene precisar la diferencia entre dos enfoques: uno basado en los documentos (el enfoque escandinavo) y otro basado en la información (el enfoque anglosajón). El origen del primer enfoque fue la Ley sueca de Libertad de prensa de 1766, que se centraba en garantizar el acceso a los documentos. Sin embargo, esta ley limitaba el acceso únicamente a los documentos definitivos, excluyendo los borradores. Por otro lado, el enfoque anglosajón se basa en leyes de Libertad de Información, que tienen un enfoque más amplio (ROSSI, 2023: 3).

En la UE existen diferentes enfoques en términos de políticas de acceso a los documentos. Algunas legislaciones nacionales interpretan estas políticas centrándose en los documentos en sí mismos, pero, aun así, la noción varía entre las distintas tradiciones de los Estados miembros. En general, estas diferencias se basan en la interpretación y alcance del soporte que contenga información. Por un lado, hay ordenamientos jurídicos en los que se interpreta de manera muy amplia.

En la mayoría de las legislaciones nacionales que adoptan el enfoque escandinavo, un documento presupone un medio o soporte, de hecho, utilizan el término *"records"* para referirse al objeto de derecho de acceso. En la práctica, será un documento en papel o un archivo electrónico, pero suelen incluir cualquier modo de almacenamiento o soporte que contenga información. Así, por ejemplo, el artículo 11 de la Ley Irlandesa de libertad de información de 2014 define *"record"* como cualquier

> *"Libro u otro material escrito o impreso en cualquier forma (incluso en cualquier dispositivo electrónico o en forma legible por máquina), (b) un mapa, plano o dibujo, (c) un disco, cinta u otro dispositivo mecánico o electrónico en el que estén incorporados datos que no sean imágenes visuales y que, con o sin la ayuda de algún otro equipo mecánico o electrónico, puedan reproducirse a partir del disco, cinta u otro dispositivo, (d) una película, disco, (d) una película, disco, cinta u otro dispositivo mecánico o electrónico en el que estén incorporadas imágenes visuales que puedan reproducirse, con o sin la ayuda de otro equipo mecánico o electrónico, a partir de la película, disco, cinta u otro dispositivo, y (e) una copia o parte de cualquier cosa incluida en los apartados (a), (b), (c) o (d), y una copia, en cualquier forma".*

Al mismo tiempo, en Países Bajos, el artículo 2 de la Ley de Gobierno Abierto (*Wet open overheid*), en vigor desde este año, define un documento como aquel "escrito u otro conjunto de datos registrados elaborados o recibidos por un organismo, una persona o una institución colegial"[10].

Por el contrario, hay Estados miembros en los que el alcance del derecho de acceso del público está muy limitado. Tal es el caso de Francia. El artículo L300-2 del Código francés de relaciones entre el público y la administración[11], considera "documento" los producidos o recibidos por el Estado, las entidades locales y las demás personas de derecho público o de derecho privado, cualquiera que sea su fecha, lugar de conservación, forma y soporte[12]. Estos documentos incluyen exclusivamente expedientes, informes, estudios, actas, estadísticas, instrucciones, circulares, notas y respuestas ministeriales, correspondencia, dictámenes, previsiones, códigos fuente y decisiones. Además, el derecho de acceso público se aplica sólo a los documentos "*achevés*" (terminados) y excluye los "documentos preparatorios relativos a una decisión administrativa cuando aún está en curso de elaboración" (artículo L311-2)[13].

Por otro lado, algunas tradiciones jurídicas nacionales han dado mayor importancia a la información en general, sin importar si está o no contenida en un documento específico. Las legislaciones nacionales que adoptan este enfoque suelen referirse exclusivamente a "información oficial" o "pública". Así, el artículo 2 de la Ley alemana federal que regula el acceso a la información en poder del Gobierno Federal (Ley de libertad de información) entiende por "información oficial" todo registro que sirva para fines oficiales, independientemente del modo de almacenamiento, pero no incluye los borradores y notas que no estén destinados a formar parte de un expediente[14]. De forma similar, en España, el artículo 13 de la Ley 19/2013 de 9 de diciembre, de transparencia, acceso a la información pública y buen gobierno, entiende por "información pública" los contenidos o documentos, cualquiera que sea su formato o soporte. Le sigue una lista muy larga de excepciones, a veces definidas de forma bastante amplia.

En cualquier caso, la distinción entre documentos e información adquiere especial relevancia en el contexto europeo.

De la definición de "documento" del artículo 3 del Reglamento 1049/2001 se desprenden cuatro elementos. En primer lugar, debe haber una cierta cantidad de información finita, es decir, la información debe constituir lógicamente una unidad. En segundo lugar, debe existir un soporte. En tercer lugar, la información debe referirse a las políticas, actividades y decisiones que entran en el ámbito de responsabilidad de la institución. En cuarto lugar, el documento debe ser comunicado por el autor (DRIESSEN, 2012: 13).

---

10   Ley de Gobierno Abierto, Wet open overheid, https://wetten.overheid.nl/BWBR0045754/2023-04-01 Basis Wettenbestand, Base de Datos de la Ley Fundamental, Datum, 01-04-2023

11   Véase, en francés, la Loi n° 2016-1321 du 7 octobre 2016 pour une République numérique (Code des relations entre le public et l'administration), (JORF n°0235 du 8 octobre 2016). Disponible en: https://www.legifrance.gouv.fr/codes/id/LEGISCTA000031367685/

12   Véase, en francés, l'Ordonnance n° 2009-483 du 29 avril 2009 prise en application de l'article 35 de la loi n° 2008-696 du 15 juillet 2008 relative aux archives (JORF n°0101 du 30 avril 2009); la LOI n° 78-753 du 17 juillet 1978 portant diverses mesures d'amélioration des relations entre l'administration et le public et diverses dispositions d'ordre administratif, social et fiscal (JORF du 18 juillet 1978).

13   Véase, en francés, l'Ordonnance n° 2015-1341 du 23 octobre 2015 relative aux dispositions législatives du code des relations entre le public et l'administration, https://www.legifrance.gouv.fr/loda/id/LEGIARTI000031365132/2016-01-01/

14   Artículo 2 del "Federal Act Governing Access to Information held by the Federal Government (Freedom of Information Act)" de 5 de septiembre de 2005. Disponible en: https://www.gesetze-im-internet.de/englisch_ifg/index.html

En cuanto a la naturaleza de los documentos, la jurisprudencia ha evolucionado para pasar de un enfoque basado en los documentos en sí mismos a un enfoque basado en la información contenida en los documentos (ROSSI, 2023: 2).

En principio, si atendemos a la redacción literal del artículo 3, el Reglamento 1049/2001 no proporciona acceso a la información, sino a los documentos. Además, el Tribunal de Primera Instancia declaró en la sentencia de 25 de abril de 2007 (asunto T-264/04) que el derecho de acceso del público a un documento de las instituciones sólo se refiere a los documentos, y no a la información entendida de forma más general. Además, explicó que esto no implica para las instituciones el deber de responder a cualquier solicitud de información de un particular, y, aunque la Decisión 93/731/CE del Consejo, (precedente del Reglamento 1049/2001), se refería también a los elementos de información contenidos en los documentos, el Tribunal aclaró que el acceso a estos elementos solo puede garantizarse si están presentes en documentos existentes[15].

Esta interpretación implica que los particulares no pueden solicitar a las instituciones únicamente información. De esta forma, las instituciones no están obligadas a elaborar nuevos documentos combinando información de archivos dispersos para presentarla al solicitante de forma reorganizada, lo que dificulta el acceso a la información cuando no está contenida en un sólo documento fácilmente identificable (ROSSI, 2023: 5).

Ahora bien, el Reglamento 1049/2001 fue redactado y aprobado hace más de veinte años, cuando la digitalización y el uso de medios electrónicos aún no estaban tan extendidos como en la actualidad. Por lo tanto, su enfoque se basa principalmente en los documentos físicos, especialmente en papel. Dado que el Reglamento 1049/2001 se desarrolló en un contexto que podríamos llamar un "mundo físico de papel"[16], las disposiciones establecidas en él pueden no ser completamente adecuadas para la era digital en la que nos encontramos.

Sucede pues que, a lo largo de los años, ha habido una evolución en la interpretación y aplicación del Reglamento 1049/2001 en relación con esta distinción tradicional entre documento e información. Una de las implicaciones de esta evolución es que parte de la política de acceso público de la UE ha comenzado a adaptarse a la era digital. Esto significa que se ha reconocido la necesidad de considerar no solo los documentos físicos, sino también la información en formato digital.

Esta adaptación se hizo evidente en 2009, cuando se planteó un caso relacionado con el acceso a una base de datos digital. A partir de ese momento, tanto el Tribunal General como el Tribunal de Justicia adecuaron el acervo jurisprudencial, originalmente construido para documentos impresos en papel, para aplicarla a las solicitudes de información sin una base material fija.

Este proceso de adecuación ha tenido un impacto significativo en el ámbito del acceso público a la información en el contexto europeo. A lo largo de los siguientes doce años, se dictaron seis sentencias que contribuyeron a redefinir el marco legal y jurisprudencial para abordar las solicitudes de información en el entorno digital. A continuación, se explica con más detalle la secuencia jurisprudencial que trastocó la interpretación inicial.

Sobre la extensión de los contenidos a los que se podría acceder, es preciso analizar la cuestión de si el artículo 3 del Reglamento abarca todas las bases de datos gestionadas por las instituciones. Existen, pues, dos categorías de bases de datos: aquellas que son colecciones de documentos y aquellas que contienen datos que no tienen sentido por sí solos, sino que adquieren significado en relación con otros datos. En el caso de las bases de datos que son colecciones de documentos, cada documento individual dentro de la base de datos se considera un "documento" en el sentido del Reglamento 1049/2001. Sin embargo, la colección o la base de datos en sí misma no se considera un documento (DRIESSEN, 2012: 14).

Se plantea entonces el problema de si se puede considerar cada dato individual un "documento" por sí solo. En principio, se podría, pero el dato en sí mismo carece de sentido de forma aislada, pues solo se convierte en información relevante cuando se conecta con otros datos dentro de la base. Además, proporcionar acceso a partes

---

15   Sentencia del Tribunal de Primera Instancia (Sala Cuarta) de 25 de abril de 2007, *WWF European Policy Programme* contra Consejo de la Unión Europea, Asunto T-264/04, ECLI:EU:T:2007:114, apartado 76 y Auto del Tribunal de Primera Instancia de 27 de octubre de 1999, Meyer/Comisión, T106/99, ECLI:EU:T:1999:272, apartados 35 y 36.

16   Esta expresión fue utilizada por el Abogado General Sr. Michal Bobek en las Conclusiones del Asunto C-491/15 P, ECLI:EU:C:2016:711, apartado 46.

específicas de la base de datos podría llevar a la revelación de conexiones y datos confidenciales (DRIESSEN, 2012: 15).

El Tribunal General abordó esta cuestión en el caso *Dufour* contra el Banco Central Europeo (BCE)[17]. Este procedimiento se inició cuando el Sr. Julián Dufour interpuso recurso de anulación contra una decisión del Comité Ejecutivo del BCE que denegaba su solicitud de acceso a las bases de datos utilizadas por el BCE para elaborar informes sobre la selección y movilidad de su personal.

El BCE alegó que las bases de datos no eran documentos en sí mismos y que la solicitud de acceso no podía satisfacerse procediendo a una simple extracción de los datos. En cambio, se requería recopilarlos manualmente, utilizando determinados parámetros de busca y copiándolos en nuevos informes en soporte electrónico o en soporte papel. Lo que equivaldría a crear un documento nuevo.

El demandante argumentó que toda la base de datos era un documento, y, además, que satisfacer su solicitud no implicaba en modo alguno la creación de un nuevo documento ni suponía prácticamente ningún problema para la institución.

El Tribunal General concluyó que los datos contenidos en una base de datos sí se consideran "documentos" en el sentido del Reglamento 1049/2001. Sin embargo, existe cierta confusión en la sentencia sobre si la base de datos «en cuanto tal» se puede considerar un "documento"[18].

En este sentido, el Tribunal General explicó que *"el momento en que los datos están dispuestos según una cierta clasificación no es en el momento en que se extraen de la base de datos,* [sino que] *la ordenación existe desde que se crea dicha base de datos y se inserta cada dato en la misma".* De esta forma, *"la extracción de todos los datos contenidos en una base de datos y su presentación de una forma comprensible siempre es posible"*[19]. A continuación, expuso que *"todo lo que pueda extraerse de una base de datos realizando una búsqueda normal o de rutina puede constituir el objeto de una solicitud de acceso"*[20].

Es decir, si los datos se almacenan electrónicamente y la solicitud de acceso cumple con el esquema de clasificación de la base de datos[21] y, además, se puede obtener mediante una búsqueda que sea considerada "normal o de rutina", pueden entonces ser solicitados en el sentido del Reglamento 1049/2001.

La sentencia *Dufour* marcó un cambio drástico en el enfoque de la política de la UE sobre acceso a documentos. Este ya no se limitaba al ámbito físico, sino que se volvió digital (ROSSI, 2023: 6).

El asunto *Dufour* sólo fue el punto de partida. Poco tiempo después, en 2013, se inició un procedimiento nuevo que volvería a modificar el alcance del Reglamento 1049/2001. En este caso, lo inició el Sr. Typke, al que se le denegó una solicitud de acceso dirigida a la Oficina Europea de Selección de Personal (EPSO). En concreto, el demandante solicitó acceder a un "cuadro" con información anónima sobre pruebas de preselección de oposiciones generales en las que había participado. La justificación que alegó la EPSO para denegar dicha solicitud se basaba en que el "cuadro" solicitado no existía. En otras palabras, para la EPSO el "cuadro" no era un documento existente, sino que debía ser elaborado como uno nuevo.

Este asunto llegó hasta el Tribunal de Justicia. Mediante recurso de casación, el Sr. Typke solicitó la anulación de la sentencia del Tribunal General, por cuanto desestimaba su recurso de anulación interpuesto contra la decisión de

---

17 Sentencia del Tribunal General (Sala Tercera) de 26 de octubre de 2011, *Julien Dufour* contra Banco Central Europeo, Asunto T-436/09, ECLI:EU:T:2011:634.

18 Según el Tribunal General, *"a efectos del asunto, no es, en modo alguno, necesario determinar si una base de datos del BCE puede, «en cuanto tal», ser objeto de una solicitud de acceso"* (asunto T-436/09, apartado 183).

19 Apartado 117, asunto T-436/09.

20 Apartado 153, asunto T-436/09.

21 Los esquemas de clasificación de una base de datos son estructuras organizativas que se utilizan para categorizar y organizar la información almacenada en la base de datos. Estos esquemas definen la forma en que los datos se clasifican, etiquetan y agrupan en función de criterios específicos. Un esquema de clasificación puede incluir categorías, subcategorías y atributos que ayudan a organizar y facilitar la recuperación de la información. Los esquemas de clasificación de datos de una base de datos de una institución pueden ser personalizados y adaptados a las necesidades y requisitos específicos de la misma. Estos esquemas pueden incluir categorías y subcategorías relacionadas con áreas temáticas específicas, departamentos, documentos legales, políticas, proyectos, etc.

la Comisión, a través de la cual se denegaba su solicitud de acceso a documentos relativos a las pruebas de prese-lección de las oposiciones generales[22].

El Tribunal de Justicia puso fin a este asunto en la sentencia de 11 de enero de 2017 (*Rainer Typke* contra Comisión, asunto C-491/15), a la vez que moldeaba la interpretación de las palabras "información" y "documento" –para darles un nuevo sentido en el contexto digital– y modificaba magistralmente el alcance de la política de la UE en materia de acceso del público a los documentos (ROSSI, 2023: 14).

No obstante, el Tribunal de Justicia no se apartó de la jurisprudencia heredada en los asuntos T-264/04 y *Dufour* (ver supra). Para el Tribunal de Justicia, las solicitudes de acceso, en lo que respecta a los documentos de naturaleza estática, especialmente en papel o en un simple archivo electrónico, siguen sujetas a la marcada distinción entre documentos e información. De ello se infiere, que las instituciones no están obligadas a elaborar nuevos documentos, "*incluso sobre la base de elementos que ya figuran en documentos existentes*"[23]. Ahora bien, para esta clase de documentos "*basta con verificar la existencia del soporte y de su contenido para determinar si un documento existe*"[24].

En cambio, en lo atinente a las bases de datos electrónicas, esta verificación no es aplicable. En palabras del Tribunal de Justicia, "*la naturaleza dinámica de las bases de datos electrónicas apenas es compatible con tal manera de proceder, toda vez que un documento que puede generarse muy fácilmente a partir de la información ya contenida en una base de datos no es necesariamente un documento existente en el sentido propio del término*"[25]. Por consi-guiente, el Tribunal de Justicia reconoció que la distinción entre documento existente y documento nuevo, en lo que respecta a las bases de datos electrónicas, "*debe hacerse con arreglo a un criterio adaptado a las peculiaridades técnicas de tales bases de datos*"[26].

Así pues, el Tribunal de Justicia explicó que toda información que puede ser extraída de una base de datos – en el marco de su utilización corriente - mediante herramientas de búsqueda preprogramadas, debe calificarse como documento existente, incluso si nunca se ha mostrado en ese formato o no ha sido buscada previamente por los agentes de las instituciones. Es decir, el hecho de que las instituciones puedan utilizar las herramientas de búsque-da disponibles para elaborar un documento a partir de la información contenida en una base de datos, se encuen-tra amparado en el ámbito de aplicación del Reglamento 1049/2001. Sin embargo, el Tribunal de Justicia precisó que la información que requiere "*una inversión sustancial en tiempo y esfuerzo para su extracción de una base de datos*", debe considerarse un documento nuevo. Esto se aplica cuando se necesita modificar, para la obtención de información, la organización de la base de datos o las herramientas de búsqueda disponibles actualmente[27].

Por consiguiente, en lo que respecta a las bases de datos electrónicas, según lo establecido en la sentencia, las pa-labras "información" y "documento" pueden considerarse intercambiables (ROSSI, 2023: 14), siempre y cuando puedan ser extraídas mediante herramientas de búsqueda preprogramadas. Ahora bien, existe una consideración importante en relación con el esfuerzo necesario para acceder a dicha información. Mientras que en el mundo físico de papel esta consideración se basaba en una "carga de trabajo considerable", en el entorno digital se rede-fine como "inversión sustancial en tiempo y esfuerzo" (ROSSI, 2023: 14). Esto implica que, si se requiere realizar cambios en la organización de la base de datos o en las herramientas de búsqueda para cumplir con la petición de acceso de un solicitante, la institución puede legítimamente negarse a llevar a cabo dichas modificaciones y no satisfacer la solicitud de acceso.

Más adelante, en 2019, se dictó otra sentencia[28] que contribuyó a consolidar el nuevo enfoque sobre el alcance del artículo 3 del Reglamento 1049/2001. En este caso, los demandantes simplemente solicitaron a la Agencia Europea

---

22 Sentencia del Tribunal General (Sala Tercera) de 2 de julio de 2015, *Rainer Typke* contra Comisión Europea, asunto T-214/13, ECLI:EU:T:2015:448.

23 Apartado 31, asunto C-491/15.

24 Apartado 33, asunto C-491/15.

25 Apartado 34, asunto C-491/15.

26 Apartado 35, asunto C-491/15.

27 Apartados 36-40, asunto C-491/15.

28 Sentencia del Tribunal General (Sala Primera) de 27 de noviembre de 2019, *Luisa Izuzquiza y Arne Semsrott* contra Agencia Europea de la Guardia de Fronteras y Costas, Asunto T-31/18, ECLI:EU:T:2019:815.

de la Guardia de Fronteras y Costas (Frontex) acceso a los documentos que contuvieran información sobre unas embarcaciones que ésta había desplegado en el marco de la operación Tritón.

Es preciso señalar que los solicitantes no especificaron a qué documentos querían tener acceso, sino a datos contenidos en documentos sin especificar. En un contexto anterior, propio del mundo material, una solicitud de este tipo podría haber sido lícitamente denegada por la aplicación del artículo 2.1 del Reglamento 1049/2001, en virtud del cual las solicitudes de acceso deben referirse a documentos, y, además, por la aplicación del artículo 6.2 del mencionado Reglamento, que obliga a formular las solicitudes de acceso de manera "*lo suficientemente precisa para permitir que la institución identifique el documento de que se trate*".

No obstante, en respuesta a una diligencia de prueba del Tribunal General, Frontex envió un documento que contenía toda la información solicitada por los demandantes. En la vista, indicó que había extraído esa información de una base de datos electrónica, antes de recopilarla en el documento enviado al Tribunal[29]. Este hecho fue extremadamente relevante para el caso. Al indicar que la información fue extraída de una base de datos, Frontex estaba reconociendo que la información existía en ese formato y que podía ser accedida y recopilada utilizando las herramientas de búsqueda disponibles, lo que permitió al Tribunal General aplicar la jurisprudencia del caso *Typke* que considera documento existente "*toda* [...] *información que pueda extraerse de una base de datos electrónica en su uso actual utilizando herramientas de búsqueda preprogramadas* [...] *aunque esta información no se haya visualizado todavía de esta forma o no haya sido objeto de una búsqueda por parte de los funcionarios de las instituciones*"[30].

Una última sentencia ha sido especialmente relevante en materia de acceso a documentos. Se trata del asunto *Kedrion*[31]. El caso se refiere a una solicitud de acceso a documentos presentada por *Kedrion SpA* a la Agencia Europea de Medicamentos (EMA). Kedrion SpA es una empresa que gestiona el servicio de obtención y tratamiento de plasma sanguíneo en un consorcio de regiones italianas llamado "Planet". Kedrion SpA solicitó acceso a la lista completa de centros de obtención y tratamiento de plasma sanguíneo de una empresa farmacéutica denominada Takeda que recogía el Archivo Principal sobre Plasma (PMF)[32].

La EMA denegó la solicitud, argumentando que dicha lista requeriría la manipulación del archivo PMF y la reorganización de los centros en un nuevo documento con una nueva lista, ya que el orden según el cual los centros aparecen en el PMF original (como centros principales, secundarios o móviles) revelaría la estrategia de gestión (que era información comercialmente sensible). Además, según la EMA la lista no estaba en una base de datos ni era una base de datos como tal, sino que sólo se conservaba en un documento en formato PDF, por lo que reescribir en forma redactada la lista y reorganizar los centros habría supuesto una carga excesiva de trabajo para la institución que el Reglamento 1049/2001 no exigía.

A este respecto, el Tribunal General reconoció que, más allá de las bases de datos, los programas informáticos actuales ofrecen posibilidades que las instituciones deben emplear o aprovechar para satisfacer las solicitudes de acceso a documentos[33]. De hecho, el Tribunal General señaló que, aunque la EMA no disponía del PMF de Takeda en forma de base de datos, no tuvo en cuenta el hecho de que pueden utilizarse "PDF de imagen más texto" y que, por tanto, es posible recurrir a programas fácilmente disponibles en el mercado que permiten convertirlos, mediante operaciones normalizadas, en otro formato que, a su vez, ofrece la posibilidad de redactar y presentar el documento de forma diferente, también mediante tales operaciones. Además, el Tribunal General consideró que esta doble manipulación (conversión y reordenación) no constituía una "inversión sustancial" en el sentido de la sentencia *Typke*[34].

Sucede, pues, que las instituciones no pueden simplemente argumentar la falta de una base de datos específica como excusa para no presentar la información de manera reordenada. En cambio, deben utilizar las herramientas

---

29   Apartado 50, asunto T-31/18

30   Apartados 51-53, asunto T-31/18.

31   Sentencia del Tribunal General (Sala Cuarta) de 26 de enero de 2022, *Kedrion SpA* contra Agencia Europea de Medicamentos, Asunto T-570/20, ECLI:EU:T:2022:20.

32   Se trata de un documento que proporciona información sobre todas las etapas de la obtención y el tratamiento del plasma utilizado en la fabricación de medicamentos o productos sanitarios y que se envía a la EMA para que emita su certificación.

33   Apartado 46, asunto T-570/20.

34   Apartado 47, asunto T-570/20

informáticas disponibles para garantizar el acceso más amplio posible a los documentos, tal y como dispone el artículo 1 del Reglamento 1049/2001.

Concluyendo sobre este punto, en primer lugar, la evolución en la interpretación del Reglamento 1049/2001 ha llevado a reconocer la importancia de adaptar su ámbito de aplicación al contexto digital. Esto implica considerar no solo los documentos físicos, sino también la información en formato digital, y reconocer que el enfoque original del Reglamento 1049/2001, basado en un "mundo material en papel", puede no ser el adecuado para la era digital en la que nos encontramos.

En lo que respecta a los documentos digitales, el debate parece desplazarse de los documentos en sí, hacia la información que contienen. El acceso del público se centra en la posibilidad de acceder y utilizar la información contenida en documentos digitales, en lugar de limitarse a los documentos físicos. El caso *Kedrion* ha marcado un cambio significativo en la interpretación del Reglamento 1049/2001, indicando que el acceso público se extiende a la información digital y no sólo a los documentos en su forma clásica.

Además, se menciona que el acceso a la información se ha desplazado hacia un nuevo marco, las APIs (Interfaces de Programación de Aplicaciones)[35], que permiten el acceso y la interacción con la información de manera más fragmentada y basada en trozos de información (ROSSI, 2023: 16). En consecuencia, el acceso público a la información puede no limitarse a la visualización completa de un documento, sino que puede ser fragmentado y accedido a través de diversas aplicaciones y sistemas.

En segundo y último lugar, en relación con las tareas que los funcionarios deben llevar a cabo para satisfacer las solicitudes de acceso a documentos, la jurisprudencia ha introducido conceptos ambiguos como la "búsqueda rutinaria regular", la "sofisticación suficiente" de una base de datos, la "inversión sustancial" y los "programas fácilmente disponibles en el mercado". Por consiguiente, es fundamental que el TJUE los aclare urgentemente para *i)* proporcionar orientación clara a los funcionarios europeos sobre cómo y hasta qué punto satisfacer las solicitudes de acceso; y *ii)* garantizar que los solicitantes puedan ejercer su derecho de manera efectiva y sin restricciones innecesarias.

3.2. Beneficiarios del derecho de acceso a los documentos

La legitimación activa para solicitar acceso a un documento, según el apartado 1 del artículo 2 del Reglamento 1049/2001, corresponde a "[t]*odo ciudadano de la Unión, así como toda persona física o jurídica que resida o tenga su domicilio social en un Estado miembro, tiene derecho a acceder a los documentos de las instituciones, con arreglo a los principios, condiciones y límites que se definen en el presente Reglamento*". El apartado siguiente añade que "[c]*on arreglo a los mismos principios, condiciones y límites, las instituciones podrán conceder el acceso a los documentos a toda persona física o jurídica que no resida ni tenga su domicilio social en un Estado miembro*".

Estas disposiciones no son problemáticas en la práctica, pues la mayoría de las instituciones y organismos, si no todos, simplemente no se molestan en comprobar la identidad de los solicitantes. De hecho, el Consejo, el Parlamento, la Comisión[36] y las agencias decidieron muy pronto que las solicitudes se tramitarían con independencia de que el solicitante cumpliera realmente los criterios del artículo 2, o incluso cuando fuera patentemente evidente que no los cumple (DRIESSEN, 2012: 9). Es más, en 2021, aproximadamente el 11,8 % de las solicitudes iniciales dirigidas a la Comisión fueron realizadas por solicitantes de terceros países no pertenecientes a la UE[37], frente al 6,6% en 2019

---

35 Según la Real Academia Española, una interfaz de programa de aplicación (API) se define como: "Interfaz de *software* entre las aplicaciones externas y los recursos de red e infraestructuras de telecomunicaciones que es suministrada por los operadores de telecomunicaciones". Disponible en: https://dpej.rae.es/lema/interfaz-de-programa-de-aplicaci%C3%B3n-api. La ventaja de las APIs es que, al servir de intermediario entre dos sistemas informáticos independientes, pueden permitir el intercambio de datos o funcionalidades entre las instituciones.

36 Véase el artículo 1, apartados 1 y 2, del Anexo de la Decisión de la Comisión, de 5 de diciembre de 2001, por la que se modifica su Reglamento interno (2001/937/CE, CECA, Euratom) (DO L 345 de 29/12/2001 págs. 94-98).

37 Véase el Informe de la Comisión sobre la aplicación en 2021 del Reglamento (CE) n.º 1049/2001 relativo al acceso del público a los documentos del Parlamento Europeo, del Consejo y de la Comisión, COM(2020) 561 final, pág. 8 y tabla 7 del Anexo.

y el 5,3% en 2018[38][39]. Además, en el caso del Consejo, se aceptan incluso solicitudes anónimas (DRIESSEN, 2012: 9). Ahora bien, la nacionalidad o la residencia pueden tener incidencia en la disponibilidad de recursos contra una decisión negativa de acceso. Por ejemplo, según el Reglamento interno de la Comisión, los ciudadanos de terceros países que no tengan su residencia en un Estado miembro no tienen la facultad de presentar una reclamación ante el Defensor del Pueblo Europeo, en virtud del artículo 228 del TFUE[40].

Existen varias razones para facilitar el acceso público a cualquier solicitante sin comprobar su origen geográfico. En primer lugar, la inmensa mayoría de las solicitudes de acceso público se presentan por correo electrónico[41]. Aunque en algunos casos se podría deducir de la dirección de correo electrónico o de otros datos de la solicitud algunas pistas sobre si el solicitante reside o no en la UE, esto no se podría establecer con certeza. En cualquier caso, las instituciones carecen de recursos para verificar los datos personales de los solicitantes.

Por otro lado, el Consejo, por ejemplo, está obligado por su Reglamento interno a publicar en Internet cualquier documento que se haya divulgado a raíz de una solicitud y "ya estén a disposición del público"[42], lo que disminuye en cierta medida el efecto de una restricción de acceso a los no residentes. Una norma algo similar se aplica a la Comisión, cuyo Reglamento interno exige que "los documentos ya divulgados en respuesta a una solicitud previa" se faciliten "automáticamente"[43]. Por último, en lo que respecta a los documentos que incluyen información medioambiental, el Reglamento de Aarhus amplía el ámbito de aplicación del Reglamento 1049/2001 a cualquier persona, independientemente de su ciudadanía, nacionalidad o domicilio[44].

No obstante, existen situaciones en las que se considera que las solicitudes dirigidas a las instituciones quedan fuera de este amplio ámbito de aplicación. En efecto, en dos circunstancias las solicitudes dirigidas a las instituciones quedan fuera del alcance del artículo 2.1. del Reglamento 1049/2001 debido a la naturaleza del solicitante, a saber, las solicitudes presentadas por las instituciones de los Estados miembros (casos *Zwartveld*) y las solicitudes presentadas por las instituciones de la UE.

La sentencia *Zwartveld* (asunto C-2/88) se refiere a un caso anterior a la entrada en vigor de cualquier norma europea sobre transparencia. En este asunto, un *Rechter-commissaris* o «juez de instrucción» de los Países Bajos solicitó a la Comisión que proporcionara informes de control y documentos relacionados con una investigación en curso. La Comisión denegó la solicitud, por lo que el *Rechter-commissaris* procedió a solicitar asistencia judicial al Tribunal de Justicia. Este recordó que mediante el artículo 5 CEE (actual artículo 4.3 TUE) "*las instituciones comunitarias están sujetas a una obligación de cooperación leal con las autoridades judiciales de los Estados miembros*"[45]. Por consiguiente, la Comisión, como institución comunitaria, tiene la obligación de cooperar y comunicar la información solicitada por el juez nacional, "*siempre y cuando no haya razones imperativas que justifiquen la negativa y estén basadas en la protección de derechos de terceros o el buen funcionamiento e independencia de las Comunidades*". En

---

38   Véase el Informe de la Comisión sobre la aplicación en 2019 del Reglamento (CE) n.º 1049/2001 relativo al acceso del público a los documentos del Parlamento Europeo, del Consejo y de la Comisión, COM(2020) 561 final, pág. 20 cuadro 7 del Anexo.

39   El aumento de solicitudes extranjeras se debió a que, como consecuencia del Brexit, las cifras correspondientes al Reino Unido de Gran Bretaña e Irlanda del Norte se empezaron a incluir en países no pertenecientes a la UE desde 2021 (pág. 6 del Anexo del Informe de la Comisión de 2021 citado más arriba).

40   Véase el apartado 3 del artículo 1 del Anexo de la Decisión de la Comisión, de 5 de diciembre de 2001, por la que se modifica su Reglamento interno (2001/937/CE, CECA, Euratom) (DO L 345 de 29/12/2001 pp. 94-98).

41   Los documentos se pueden solicitar principalmente mediante formularios electrónicos (disponibles en el sitio web del Consejo), correos electrónicos, cartas o llamadas telefónicas. La cifra de solicitudes por correos electrónicos incluye las solicitudes recibidas a través del formulario web y por correo electrónico (véase la siguiente página: https://www.consilium.europa.eu/es/documents-publications/public-register/request-document/ y el Proyecto de vigésimo primer informe anual del Consejo sobre la aplicación del Reglamento (CE) n.º 1049/2001 del Parlamento Europeo y del Consejo, de 30 de mayo de 2001, relativo al acceso del público a los documentos del Parlamento Europeo, del Consejo y de la Comisión, pág. 21. Disponible en: https://data.consilium.europa.eu/doc/document/ST-8311-2023-INIT/es/pdf)

42   Artículo 10.2 del Anexo II de la Decisión del Consejo de 1 de diciembre de 2009 por la que se aprueba su Reglamento interno (2009/937/UE) (DO L 325 de 11.12.2009, p. 35).

43   Artículo 9.2 del Anexo de la 2001/937/CE, CECA, Euratom: Decisión de la Comisión, de 5 de diciembre de 2001, por la que se modifica su Reglamento interno (DO L 345 de 29/12/2001 págs. 94-98).

44   Artículo 3 del Reglamento 1367/2006 (supra).

45   Auto del Tribunal de Justicia de 6 de diciembre de 1990, asunto C-2/88 *Imm, Rechter-commissaris bij de Arrondissementsrechtbank Groningen-Países Bajos contra Comisión*, ECLI:EU:C:1990:440, apartado 10.

este caso, la Comisión no logró demostrar que existieran tales razones imperativas para oponerse a la comunicación de los documentos controvertidos[46].

En la práctica, el asunto *Zwartveld* tiene implicaciones específicas para las instituciones. En el Consejo, el problema de las solicitudes de documentos por parte de las autoridades judiciales de los Estados miembros rara vez surge, ya que la mayoría de los documentos relevantes suelen estar disponibles en las representaciones permanentes. Por lo general, las autoridades judiciales se dirigen a estas para obtener los documentos necesarios (DRIESSEN, 2012: 12).

Sin embargo, hubo un caso especial en el que se concedió acceso a documentos al Tribunal Penal Internacional para la ex Yugoslavia (TPIY). Posteriormente, un miembro del público solicitó acceso a los mismos documentos alegando que la divulgación debería ser posible, puesto que el Consejo ya ha dado acceso a ellos a un tercero. A este respecto, el Consejo recordó que una solicitud presentada por un miembro del público en virtud del Reglamento (CE) n.º 1049/2001, no puede asimilarse a una solicitud presentada por una autoridad judicial internacional, como el TPIY, en el marco de sus procedimientos judiciales. En el caso invocado por el (entonces) demandante, el Consejo puso a disposición los documentos solicitados por el TPIY no sobre la base del Reglamento (CE) nº1049/2001, sino de conformidad con el principio de cooperación internacional con un tribunal internacional establecido por el Consejo de Seguridad de las Naciones Unidas[47].

Por otro lado, las instituciones y organismos europeos no son personas jurídicas incluidas en el ámbito de aplicación del Reglamento 1049/2001. Además, para los intercambios de información entre las instituciones se aplican normas interinstitucionales especiales. Por ejemplo, en el marco de un procedimiento judicial, el Tribunal de Justicia puede solicitar a las instituciones que presenten documentos para la determinación de diligencias de prueba sobre la base de sus respectivos Reglamentos de Procedimiento[48]. Si se presentan tales solicitudes al Consejo, el Comité de Representantes Permanentes (Coreper) o el propio Consejo deciden sobre la divulgación privilegiada de documentos que aún no son de dominio público[49].

En principio, la Comisión tiene acceso a la mayoría de los documentos del Consejo distribuidos a los Estados miembros (DRIESSEN,2012: 13). No obstante, la Comisión debe respetar las normas sobre protección del secreto de las investigaciones penales y la confidencialidad de asuntos que entren dentro del ámbito de los diversos comités previstos en él[50].

La situación del Parlamento Europeo es algo más complicada que la de las demás instituciones. Para el Parlamento y sus miembros existen varias vías para obtener acceso a información de otras instituciones y organismos.

En primer lugar, el propio Parlamento tiene ciertos derechos privilegiados de acceso basados principalmente en su papel como colegislador, pero también, por ejemplo, en su derecho de consulta, dictamen o aprobación para determinadas materias[51], o en el Acuerdo Interinstitucional relativo al acceso del Parlamento Europeo a la información sensible del Consejo en el ámbito de la política de seguridad y defensa[52] u otros instrumentos[53].

---

46   Apartados 11 y 12 del asunto C-2/88

47   Véase la Decisión confirmatoria del Consejo de la Unión Europea, No 18/c/01/09, No. prev. doc.: 11519/09, de 14 de septiembre del 2009, apartado 13, pág. 6. Disponible en: https://data.consilium.europa.eu/doc/document/ST-11520-2009-INIT/es/pdf

48   Artículo 64, apartado 2, letra b), del Reglamento de Procedimiento del Tribunal de Justicia (DO L 265/1 de 29 de septiembre de 2012).

49   Artículo 6.2 del Reglamento interno del Consejo (DO L 325 de 11.12.2009, p. 35).

50   Código de buena conducta administrativa para el personal de la Comisión Europea en sus relaciones con el público anejo al Reglamento interno de la Comisión Europea (DO L 308 de 8.12.2000, p. 26).

51   Por ejemplo, su derecho de aprobación en la gestión del procedimiento presupuestario, de conformidad con el artículo 314 del TFUE y Acuerdo Interinstitucional entre el Parlamento Europeo, el Consejo de la Unión Europea y la Comisión Europea sobre disciplina presupuestaria, cooperación en materia presupuestaria y buena gestión financiera, así como sobre nuevos recursos propios, en particular una hoja de ruta para la introducción de nuevos recursos propios Acuerdo Interinstitucional de 16 de diciembre de 2020 entre el Parlamento Europeo, el Consejo de la Unión Europea y la Comisión Europea sobre disciplina presupuestaria, cooperación en materia presupuestaria y buena gestión financiera, así como sobre nuevos recursos propios, en particular una hoja de ruta para la introducción de nuevos recursos propios (DO L 433I de 22.12.2020, p. 28/46).

52   Acuerdo interinstitucional de 20 de noviembre de 2002 entre el Parlamento Europeo y el Consejo relativo al acceso del Parlamento Europeo a la información sensible del Consejo en el ámbito de la política de seguridad y de defensa (DO C 298 de 30.11.2002, p. 1) y Decisión del Parlamento Europeo de 23 de octubre de 2002 sobre la aplicación del Acuerdo interinstitucional relativo al acceso del Parlamento Europeo a la información sensible del Consejo en el ámbito de la política de seguridad y de defensa (DO C 298 de 30.11.2002, p. 4).

53   Por ejemplo, su derecho de investigación: Decisión del Parlamento Europeo, del Consejo y de la Comisión relativa a las modalidades de ejercicio del derecho de investigación del Parlamento Europeo, [1995] DO L78/1.

Además, los eurodiputados pueden tener un acceso privilegiado a la información a través del procedimiento de preguntas[54], y, en cualquier caso, tienen un derecho a acceder a cualquier documento en posesión del Parlamento o de sus comisiones, con algunas excepciones. Estas excepciones incluyen los expedientes y cuentas personales, que solo están disponibles para los diputados interesados, y los documentos que entren en alguna de las excepciones del Reglamento 1049/2001[55]. Asimismo, existen supuestos en los que el Parlamento tiene la obligación jurídica de tratar información recibida con carácter confidencial. En estos casos, la Mesa del Parlamento puede denegar a un diputado el acceso a un documento si considera, después de escuchar al diputado interesado, que dicho acceso afectaría de manera inaceptable a los intereses institucionales del Parlamento o al interés público, o que la solicitud del diputado se basa en consideraciones privadas y personales[56].

Por su parte, el Tribunal de Cuentas tiene un derecho de acceso privilegiado a los documentos de las instituciones de conformidad con el apartado 3 del artículo 287 del TFUE. En efecto, las instituciones de la Unión, los organismos que manejan ingresos o gastos en nombre de la Unión, las personas físicas o jurídicas que reciben fondos del presupuesto de la Unión, así como las instituciones nacionales de control o los servicios nacionales competentes, deben comunicar al Tribunal de Cuentas cualquier documento o información necesarios para el cumplimiento de su misión. En otras palabras, el Tribunal de Cuentas tiene el derecho de solicitar y recibir dichos documentos e información.

En relación con el Banco Europeo de Inversiones, su actividad en la gestión de los ingresos y gastos de la Unión está sujeta a un acuerdo entre el Tribunal de Cuentas, el Banco y la Comisión. Este acuerdo establece el acceso del Tribunal a la información que posee el Banco. En ausencia de dicho acuerdo, el Tribunal aún tiene acceso a la información necesaria para controlar los ingresos y gastos de la Unión que son gestionados por el Banco.

En fin, el Defensor del Pueblo tiene acceso privilegiado a cualquier información o documento, incluidos los documentos clasificados, en el marco de sus investigaciones, de conformidad con el apartado 2 del artículo 3 de su Estatuto. Ahora bien, esto no implica el acceso público automático a los documentos obtenidos por el Defensor del Pueblo en el curso de las inspecciones en las instituciones.

3.3. Modalidades acceso a los documentos

El Reglamento 1049/2001 prevé dos modalidades activas y una pasiva de acceso del público a los documentos: mediante su publicación en el Diario Oficial de la Unión Europea, en un registro o a través del procedimiento de solicitud.

3.3.1. Diario Oficial de la Unión Europea

El Diario Oficial de la Unión Europea (en adelante, DO) es el boletín oficial y jurídico de la UE, además de ser la fuente principal de EUR-Lex, la plataforma online del Derecho de la UE. La función principal del DO es dar publicidad a la legislación y otros documentos de relevancia jurídica. Esto implica que lo publicado en el DO puede presumirse sabido por el público. Por otro lado, los actos nacionales basados en el Derecho de la UE no pueden tener validez si el acto de la UE subyacente no se ha publicado en el DO. Asimismo, la fecha de publicación en el DO marca el inicio de los plazos legales para interponer recursos relacionados con un acto específico.

Existen muchas normas que obligan y/o recomiendan publicar actos, decisiones, contenidos, etc. Este trabajo se centra en aquellas contenidas en el Reglamento 1049/2001.

Además de los contemplados en los apartados 1 y 2 del artículo 297 del TFUE (entre otros, actos legislativos y no legislativos), las instituciones tienen la obligación de publicar en el DO los documentos de la lista del artículo 13

---

54   Artículo 136 del Reglamento interno del Parlamento Europeo, 9.a legislatura, julio de 2019, (DO L 302 de 22.11.2019).

55   Artículo 5 del Reglamento interno del Parlamento Europeo, 9.a legislatura, julio de 2019, (DO L 302 de 22.11.2019).

56   Artículo 221 del Reglamento interno del Parlamento Europeo, 9.a legislatura, julio de 2019, (DO L 302 de 22.11.2019).

del Reglamento 1049/2001[57]. Por ejemplo, las propuestas de la Comisión o los acuerdos internacionales celebrados por la Unión.

3.3.2. Registros de las instituciones de la UE

El acceso directo en formato electrónico o a través de un registro es el segundo método para facilitar el acceso del público. Sin duda, es el método preferido (DRIESSEN, 2012: 19). El artículo 11 del Reglamento 1049/2001 exige que cada institución proporcione acceso público a un registro (por medios electrónicos) de documentos. Éstos son accesibles a través de Internet.

Los registros de la Comisión, el Consejo y el Parlamento Europeo debían estar operativos, y lo estaban, antes del 3 de junio de 2002 (artículo 11.3 del Reglamento 1049/2001). Los registros de las principales instituciones pueden consultarse actualmente en los siguientes sitios web:

Comisión Europea	https://ec.europa.eu/transparency/documents-register/detail?ref=C(2022)2319&lang=es
Parlamento Europeo	https://www.europarl.europa.eu/RegistreWeb/home/welcome.htm?language=ES
Consejo de la Unión Europea	https://www.consilium.europa.eu/es/documents-publications/public-register/

Los documentos que deben figurar en estos registros son, en principio, los que obren en poder de la institución, ya sea que hayan sido elaborados o recibidos por ellas. Según el artículo 11.2, el registro debe contener en cada documento el número de referencia (identificador único asignado al documento), un asunto y/o breve descripción del contenido y la fecha de elaboración o recepción del documento e inscripción en el registro[58].

Ahora bien, el ámbito de aplicación del Reglamento 1049/2001 en este aspecto es muy amplio, pues cubre todos los documentos en poder de una institución y en todos los ámbitos de su actividad, según se establece en el artículo 3. Es por ello que se ha reconocido que no es práctico ni proporcional exigir que cada documento, por efímero que sea, sea marcado, numerado, archivado e inscrito en el registro[59]. Sucede pues que, en la práctica, las instituciones tienen en cuenta la carga administrativa al determinar qué documentos deben ser registrados, e interpretan el artículo 11 más bien en el sentido de que exige el registro de todos los documentos "oficiales", es decir, de cada documento que tenga un número oficial. Por ejemplo, para el Consejo esto implica principalmente los documentos distribuidos a los Estados miembros. Para la Comisión, los aprobados por la institución como tal. En el caso del Parlamento Europeo, se trata de los documentos distribuidos a los diputados (DRIESSEN, 2012: 170).

Si bien es cierto que esta interpretación deja una gran cantidad de documentos de naturaleza interna, preparatoria o efímera fuera de los registros, tales documentos siguen estando cubiertos por el Reglamento 1049/2001, en el sentido de que puede solicitarse su acceso público. Pero teniendo en cuenta que no hay obligación legal de incluirlos en los registros. Por ello, el Defensor del Pueblo Europeo enfatiza que, aunque no exista tal obligación de registro,

---

57 Concretamente, el artículo 13 incluye: a) las propuestas de la Comisión; b) las posiciones comunes adoptadas por el Consejo conforme a los procedimientos previstos en los artículos 251 y 252 del Tratado CE, así como sus exposiciones de motivos, y las posiciones del Parlamento Europeo en dichos procedimientos; c) las decisiones marco y las decisiones mencionadas en el apartado 2 del artículo 34 del Tratado UE; d) los convenios celebrados por el Consejo con arreglo al apartado 2 del artículo 34 del Tratado UE; e) los convenios firmados entre Estados miembros sobre la base del artículo 293 del Tratado CE; f) los acuerdos internacionales celebrados por la Comunidad o de conformidad con el artículo 24 del Tratado UE. Conviene precisar que después de la entrada en vigor del Tratado de Lisboa, los artículos a los que se refiere el artículo 13, actualmente son otros. Así, por ejemplo, los artículos 251 y 252 del TCE se corresponden hoy con el art. 297 del TFUE.

58 Merece especial atención el Registro de Transparencia, una base de datos creada en 2021 por el Consejo, Parlamento y Comisión mediante Acuerdo interinstitucional, en la que figuran los «representantes de intereses» (organizaciones, asociaciones, grupos y personas que trabajan por cuenta propia) que llevan a cabo actividades para influir en las políticas y el proceso de toma de decisiones de la UE. El fin es dotar de mayor transparencia los intercambios entre las instituciones y toda clase de organizaciones y grupos que representan intereses específicos, para así "permitir un control público adecuado y garantizar que las instituciones de la UE rindan cuentas ante los ciudadanos europeos". Disponible en: https://ec.europa.eu/transparencyregister/public/staticPage/displayStaticPage.do;TRPUBLIC-ID-prod=G-cXzHftR61kHpE35J8rq5kYg8AbiVOcE_jHBwidR6VKn9mWaCrh!2041958471?locale=es&reference=WHY_TRANSPARENCY_REGISTER

59 Por analogía, apartados 112-114 de la Sentencia del Tribunal de Primera Instancia (Sala Primera ampliada) de 13 de abril de 2005, *Verein für Konsumenteninformation* contra Comisión de las Comunidades Europeas, asunto T-2/03, ECLI:EU:T:2005:125.

para hacer efectivo el derecho de acceso, cada uno deber ser lo más completo posible e incluir la mayor cantidad de documentos[60].

En consecuencia, dado que los registros no son exhaustivos y no están igualmente desarrollados, a veces puede ocurrir que el solicitante no pueda establecer una lista completa de los documentos solicitados. El Defensor del Pueblo ha propuesto entonces que, en tales casos, la institución prepare una lista de los documentos pertinentes disponibles para el solicitante[61].

Por otro lado, el artículo 12 del Reglamento 1049/2001 complementa lo anterior, al enfatizar la necesidad de facilitar el acceso *directo* a los documentos, ya sea a través del registro o de otros medios electrónicos. En concreto el artículo 12 dispone:

1. Las instituciones permitirán el acceso directo del público a los documentos, en la medida de lo posible, en forma electrónica o a través de un registro, de conformidad con las normas vigentes de la institución en cuestión.

2. En particular, se debería facilitar el acceso directo a los documentos legislativos, es decir, documentos elaborados o recibidos en el marco de los procedimientos de adopción de actos jurídicamente vinculantes para o en los Estados miembros, sin perjuicio de lo dispuesto en los artículos 4 y 9.

3. Siempre que sea posible, se debería facilitar el acceso directo a otros documentos, en particular los relativos a la elaboración de políticas o estrategias.

4. En caso de que no se facilite el acceso directo a través del registro, dicho registro indicará, en la medida de lo posible, dónde están localizados los documentos de que se trate.

La redacción del artículo 12 incluye cláusulas y términos ambiguos que limitan su aplicabilidad directa y puede parecer, más bien, una guía de buenas prácticas que no crea ni derechos ni obligaciones. Las expresiones como "en la medida de lo posible" o "se debería" no establecen de manera clara y precisa la aplicación del artículo, lo que permite a las instituciones tener cierta discreción para determinar su interpretación.

De todas maneras, comparado con el proceso de solicitud y evaluación de acceso público a un documento específico, el análisis para determinar la publicación directa en el registro es menos exhaustivo. Sobre ello se pronunció el Defensor del Pueblo argumentando que sería desproporcionado y poco práctico exigir (a la Comisión) un mismo análisis jurídico en profundidad al considerar si debe hacer directamente accesible en línea un documento legislativo al que no se ha dado acceso previamente, que el que debe realizar al tramitar una solicitud y/o una solicitud confirmatoria de acceso público a un documento[62].

3.3.3. Procedimiento para acceder a los documentos

Por último, el Reglamento prevé un procedimiento de solicitud. A continuación, se analizan detalladamente las normas sustantivas procesales que se aplican en este contexto.

Ante todo, en la práctica las instituciones consideran que se ha facilitado el acceso del público a un documento cuando éste se haya publicado en el Diario Oficial. Esto puede llevar a la institución a abstenerse de enviar una copia a un solicitante y, en su lugar, proporcionarle el enlace de Internet al documento solicitado.

Como se ha venido explicando, el artículo 1 del Reglamento 1049/2001 tiene por objeto garantizar de la manera más amplia posible el derecho de acceso del público a los documentos y definir los principios, condiciones y límites que han de regularlo de conformidad con el apartado 2 del artículo 15 del TFUE. Por consiguiente, tal y como establece el considerando 11 de dicha norma, todos los documentos de las instituciones deben ser, en principio, accesibles al público. De ahí que las instituciones deban divulgar los documentos cuando estos se soliciten por un particular.

---

60   Decisión del Defensor del Pueblo Europeo en el asunto 3208/2006/GG contra la Comisión, de 29 de enero de 2009. Disponible en: https://www.ombudsman.europa.eu/es/decision/es/3728

61   Decisión del Defensor del Pueblo Europeo en el asunto 415/2003/(H)TN contra la Comisión, de 27 de febrero 2004. Disponible en: https://www.ombudsman.europa.eu/pdf/en/3423

62   Decisión del Defensor del Pueblo Europeo en el asunto 2066/2004/TN contra la Comisión, de 2 de junio de 2005. Disponible en: https://www.ombudsman.europa.eu/pdf/en/3416

A estos efectos, el principio básico del Reglamento 1049/2001 es que cualquier documento es público en la medida en que no haya ninguna excepción u otra restricción que establezca lo contrario. Algunos expertos sugieren que el Reglamento 1049/2001 no logra reflejar este lenguaje equilibrado entre, por un lado, el derecho al acceso público y, por otro, los "principios, condiciones y límites" que lo restringen por motivos de interés público o privado. En concreto, el agente del servicio jurídico del Consejo DRIESSEN (2012), sugiere que aún falta claridad en la forma en que se definen estos principios y límites. En este sentido, explica que la disposición de las excepciones y restricciones del Reglamento 1049/2001, al no estar suficientemente especificada, puede llevar a interpretaciones inconsistentes o arbitrariedad en la aplicación de las restricciones. Además, argumenta que según el artículo 15.3 del TFUE, donde aparece regulado el derecho de acceso a documentos, los Tribunales de la UE, el Banco Central Europeo (BCE) y el Banco Europeo de Inversiones (BEI) solo están sujetos a las normas de acceso a los documentos en el ejercicio de sus funciones administrativas. Esto puede sugerir, según DRIESSEN (2012), que existen diferencias en la aplicabilidad y alcance de las reglas de acceso a los documentos, pudiendo afectar a la consistencia y equidad del acceso público en todas las instituciones.

Dentro de este orden de ideas, el Reglamento 1049/2001 concede acceso a los documentos sobre una base *erga omnes*, por lo que no se permite el acceso privilegiado o discriminatorio a ciertos solicitantes. De hecho, incluso si un solicitante ofrece no reproducir o distribuir los documentos, estas ofertas no pueden ser aceptadas debido a las normas que garantizan la igualdad de acceso y evitan cualquier trato discriminatorio (DRIESSEN, 2012: 21).

La principal consecuencia de este principio es que cuando se divulgan documentos en virtud del Reglamento 1049/2001, automáticamente pasan a formar parte del dominio público y deben estar disponibles para el público en general, para que puedan ser consultados por cualquier persona.

Así pues, el primer paso para presentar una solicitud es identificar la institución, agencia u organismo adecuado, pues sólo podrá divulgar los documentos que obren en su poder (art. 2.3 del Reglamento 1049/2001). No obstante, las instituciones deben facilitar información y asistencia a los ciudadanos sobre cómo y dónde pueden presentarse las solicitudes de acceso a los documentos (art. 6.4 del Reglamento 1049/2001). Si el organismo al que un solicitante se dirige responde a su solicitud diciendo que no dispone de la información, debería proporcionarle el sitio donde la puede encontrar o a qué institución u organismo dirigirse para tener acceso a ella (ACCESS INFO, 2013: 18).

En cuanto a la presentación de la solicitud, el apartado 1 del artículo 6 del Reglamento 1049/2001 establece que: "[l] *as solicitudes de acceso a un documento deberán formularse en cualquier forma escrita, incluido el formato electrónico, en una de las lenguas a que se refiere el* [entonces] *artículo 314 del Tratado CE, y de manera lo suficientemente precisa para permitir que la institución identifique el documento de que se trate. El solicitante no estará obligado a justificar su solicitud."*

Es decir, un solicitante no tiene que justificar por qué desea acceder a un documento concreto ni explicar qué piensa hacer con la información. Además, no es necesario que facilite sus datos personales, pues basta con dar información suficiente sobre sí mismo para poder tramitar la solicitud, es decir, nombre del solicitante y una dirección de contacto (correo electrónico o dirección postal) a la que se pueda enviar el documento.

En la práctica, algunas instituciones y organismos tienen formularios en línea para enviar información que contienen más campos de datos personales que deben rellenarse antes de que el sitio web permita enviar la solicitud.

En cuanto al contenido de la solicitud, esta deber ser clara y específica sobre la información o los documentos a los que se quiere acceder. Esto facilita la localización del documento y puede suponer una respuesta más rápida por parte del funcionario encargado de tramitar la solicitud. En el caso de que la solicitud no sea lo suficientemente precisa, el proceso podría estancarse, pues, de acuerdo con el artículo 6.2 del Reglamento 1049/2001 *"la institución pedirá al solicitante que aclare la solicitud, y le ayudará a hacerlo, por ejemplo, facilitando información sobre el uso de los registros públicos de documentos".*

Una vez presentada una solicitud, la institución encargada debe procesarla con prontitud y enviar un acuse de recibo al solicitante. Dentro de un plazo de 15 días laborables a partir del registro de la solicitud, la institución tiene dos opciones: *a)* autorizar el acceso al documento solicitado y proporcionar dicho acceso de acuerdo con el artículo

10^{63} dentro de ese plazo; o *b)* negar total o parcialmente el acceso mediante una respuesta por escrito. En caso de negativa, la institución debe explicar los motivos de la denegación y notificar al solicitante su derecho a presentar una solicitud confirmatoria.

Las solicitudes confirmatorias que se presentan en caso de denegación total o parcial en la respuesta inicial, siguen este mismo trámite. Si la institución vuelve a denegar el acceso, debe informar al solicitante sobre los recursos disponibles, como el recurso judicial contra la institución y/o la reclamación ante el Defensor del Pueblo Europeo (art. 8.3 del Reglamento 1049/2001).

En situaciones excepcionales, tanto para las solicitudes iniciales como para las confirmatorias, si la solicitud se refiere a un documento extenso o a un gran número de documentos, el plazo establecido puede ampliarse en otros 15 días laborables, previa notificación al solicitante y explicación de los motivos de la extensión (art. 8.2 del Reglamento 1049/2001).

3.3.4. Tramitación de solicitudes de acceso a los documentos de la UE

Un aspecto importante a destacar es que cada institución debe publicar cada año un informe anual sobre la recepción y tramitación de solicitudes de acceso a documentos durante ese año. A tenor del artículo 17, apartado 1, del Reglamento (CE) n.º 1049/2001: "[c]*ada institución publicará anualmente un informe relativo al año precedente en el que figure el número de casos en los que la institución denegó el acceso a los documentos, las razones de esas denegaciones y el número de documentos sensibles no incluidos en el registro*".

Como es de esperar, las tres instituciones principales de la Unión son las que más solicitudes de acceso reciben: el Consejo, el Parlamento y la Comisión. A estos efectos, se tienen en cuenta los últimos informes publicados de cada una de ellas. El último informe publicado de la Comisión[64] es de 2021, en cambio, los del Consejo[65] y Parlamento[66] son de 2022. A continuación, se proporciona una tabla resumen de los datos más relevantes:

	Comisión Europea	Consejo de la UE	Parlamento Europeo
Solicitudes recibidas	8.420	2.762	658
Solicitudes confirmatorias	355	23	11
Documentos solicitados	15.009	10.902	NS/NC
% documentos a los que se dio acceso total	48%	74 %	NS/NC
% documentos a los que se dio acceso parcial	25%	8,7 %	En 66 casos
% documentos a los que se denegó el acceso	17%	17%	En 24 casos

---

63 Según el artículo 10 del Reglamento 1049/2001, el acceso a los documentos solicitados puede llevarse a cabo de dos maneras: mediante consulta in situ o mediante entrega de una copia. La elección entre estas opciones depende de la preferencia del solicitante. En cuanto a la consulta in situ, el solicitante puede acceder a los documentos solicitados directamente en las instalaciones de la institución. Esta opción es gratuita. Por el contrario, si el solicitante prefiere recibir una copia de los documentos, la institución puede proporcionar una copia en formato físico o electrónico, según esté disponible. En algunos casos, se puede solicitar al solicitante que asuma los gastos de realización y envío de las copias, pero dichos gastos no pueden exceder el costo real de producir y enviar las copias. Las copias de menos de 20 páginas en formato DIN A4 y el acceso directo a través de medios electrónicos o mediante el registro son gratuitas. Si la institución ya ha divulgado el documento solicitado y este es de fácil acceso, la institución puede cumplir con su obligación de proporcionar acceso informando al solicitante sobre cómo obtenerlo. En este caso, la institución no está obligada a proporcionar una copia adicional del documento. Por último, se debe tener en cuenta que los documentos se proporcionarán en la versión y formato existentes, incluyendo formatos electrónicos u otros formatos especiales como Braille, letra de gran tamaño o cinta magnetofónica. La institución tiene en cuenta plenamente la preferencia del solicitante en cuanto a la versión y formato en los que se le proporcionarán los documentos.

64 Comisión Europea (2022) Final report from the Commission on the application in 2021 of Regulation (EC) No 1049/2001 regarding public access to European Parliament, Council and Commission documents. Brussels, 3.10.2022 COM(2022) 498.

65 Consejo de la Unión Europea (2023). Proyecto de vigésimo primer informe anual del Consejo sobre la aplicación del Reglamento (CE) n.º 1049/2001 del Parlamento Europeo y del Consejo, de 30 de mayo de 2001, relativo al acceso del público a los documentos del Parlamento Europeo, del Consejo y de la Comisión. Bruselas, 18 de abril de 2023 (OR. en) 8311/23.

66 Parlamento Europeo (2023). Acceso del público a los documentos 2022. Informe anual del Parlamento Europeo. Disponible en: https://www.europarl.europa.eu/RegData/publications/rapports_annuels/2022/P9_AR(2022)ATD_ES.pdf

3.4. Excepciones al acceso a los documentos de la UE

Si bien, el objeto del Reglamento 1049/2001 es garantizar el acceso *"más amplio posible a los documentos"* (art. 1), esto no implica que dicho acceso sea ilimitado. Desde luego, el régimen de acceso público a los documentos contiene una lista de excepciones a la obligación de divulgar documentos.

Cabe considerar, no obstante, que del tenor literal del Reglamento 1049/2001 se desprende que sólo pueden aplicarse las excepciones reconocidas por este. En este sentido, el artículo 4, titulado "Excepciones", contiene un *numerus clausus* de supuestos en los que cabe denegar el acceso a los documentos, sin que puedan agregarse más.

Las excepciones al derecho de acceso a los documentos son habituales en todos los ordenamientos jurídicos. Sin embargo, estas excepciones deben sopesarse normalmente con el derecho de los ciudadanos a acceder a los documentos. La institución que posee el documento solicitado debe establecer cuál de los intereses prevalece. Si existe un interés público que prevalece sobre el motivo de excepción, la institución debe divulgar el documento. Sin embargo, en la mayoría de los sistemas existen las denominadas "excepciones obligatorias". La característica esencial de estas excepciones es que ningún interés público puede prevalecer sobre ellas. Se trata de excepciones que suelen incluir la protección de la seguridad nacional, la defensa, las relaciones internacionales y el bienestar económico de un país (DEIRDRE & LEINO, 2016; AKTAS, 2018).

En el contexto europeo, el Reglamento 1049/2001 establece en tres apartados las excepciones al derecho de acceso.

En primer lugar, el Reglamento 1049/2001 permite a las instituciones denegar el acceso a un documento, en todo caso, cuando su divulgación suponga un perjuicio para la protección del interés público, por lo que respecta a: la seguridad pública; la defensa y los asuntos militares; las relaciones internacionales; la política financiera, monetaria o económica de la Comunidad o de un Estado miembro; o para la protección de la intimidad y la integridad de la persona, en particular de conformidad con la legislación comunitaria sobre protección de los datos personales (art. 4.1, letras a) y b) del Reglamento 1049/2001).

En segundo lugar, salvo que su divulgación revista un interés público superior, las instituciones podrán denegar el acceso a un documento cuando su divulgación suponga un perjuicio para la protección de los intereses comerciales de una persona física o jurídica, incluida la propiedad intelectual; los procedimientos judiciales y el asesoramiento jurídico; el objetivo de las actividades de inspección, investigación y auditoría (art. 4.2 del Reglamento 1049/2001).

Por último, salvo que su divulgación revista un interés público superior, una institución se puede negar a divulgar un documento cuando su divulgación suponga un perjuicio grave al proceso de toma de decisiones y se trate de un documento elaborado por la institución para su uso interno o recibido por ella relacionado con un asunto sobre el que la institución no haya tomado todavía una decisión; o de un documento que contenga opiniones para uso interno, en el marco de deliberaciones o consultas previas en el seno de la institución, incluso después de adoptada la decisión (art. 4.3 del Reglamento 1049/2001).

Teniendo en cuenta la redacción del artículo 4, las excepciones del Reglamento 1049/2001 pueden dividirse en dos categorías (GUICHOT, 2023: 118).

Por un lado, las excepciones establecidas en el artículo 4, apartado 1, del Reglamento 1049/2001 están redactadas en términos imperativos y, por tanto, son excepciones en las que no se requiere tener en cuenta un posible "interés público superior" en la divulgación. Es decir, las instituciones están obligadas a denegar el acceso a los documentos a los que se aplican estas excepciones obligatorias cuando se aporta la prueba de las circunstancias contempladas en las mismas. En concreto, cuando se encuentre adecuadamente justificado el posible perjuicio a uno de los ámbitos de "interés público" recogidos en el apartado 1 del artículo 4. Pero en cualquier caso, las instituciones no están obligadas a ponderar la protección del interés público y el interés del solicitante en tener acceso a un documento[67].

Por otro lado, la segunda categoría de excepciones abarca los apartados 2 y 3 del artículo 4. Estas excepciones se caracterizan porque no son absolutas, de hecho, condicionan su aplicación a que no exista un "interés público superior". De este modo, las instituciones pueden negar el acceso a documentos cuando su divulgación perjudique

---

[67]   Así está interpretado en la Sentencia del Tribunal de Primera Instancia (Sala Cuarta) de 25 de abril de 2007, *WWF European Policy Programme* contra Consejo de la Unión Europea, asunto T-264/04, ECLI:EU:T:2007:114, apartados 44 y 45.

alguno de los intereses que recogen los apartados 2 y 3 del artículo 4. Sin embargo, si la divulgación de los documentos reviste un interés público superior, la institución debe permitir su acceso a pesar de los posibles perjuicios.

El Tribunal de Justicia ha explicado, en relación con estas excepciones, que las instituciones tienen una facultad de apreciación que les permite ponderar, por una parte, el posible perjuicio a los intereses protegidos en los apartados 2 y 3 y, por otra, el interés del ciudadano en obtener acceso a los documentos[68].

En definitiva, el art. 4.1 no da cabida a una prueba de interés público superior, pues prevé excepciones obligatorias. Si se considera que la divulgación menoscaba los intereses protegidos en dicho apartado, se deniega el acceso y no se realiza ningún ejercicio de ponderación con otro interés en juego. En cambio, el art. 4.2, al igual que el art. 4.3, prevé una ponderación de intereses. Estas disposiciones establecen una lista de intereses y documentos cuya divulgación puede denegarse si dicha divulgación perjudica los intereses que protegen. Sin embargo, esto se ve matizado por la posibilidad de que dicho interés quede anulado por un interés público superior.

La doctrina jurisprudencial ha delineado reiteradamente el alcance de los límites al derecho de acceso: "*toda limitación a un derecho que entronca con el principio democrático ha de interpretarse restrictivamente, a la luz del derecho a la información y del principio de proporcionalidad, de modo que no se frustre la aplicación del principio general de libre acceso*". En efecto, "*dado que invalidan el principio del mayor acceso posible del público a los documentos, estas excepciones deben interpretarse y aplicarse en sentido estricto*"[69]. Este principio ha sido repetido incansablemente por el TJUE, hasta tal punto que es considerado la base fundamental en la resolución de los casos sobre la aplicación de excepciones al derecho de acceso a documentos (GUICHOT, 2023: 120).

Por ello, antes de permitir o denegar el acceso a un documento objeto de una solicitud, las instituciones deben examinar detenidamente si, teniendo en cuenta la información de la que disponen, su divulgación podría menoscabar uno de los intereses protegidos por el artículo 4 y, en su caso, si existe una justificación adecuada, especialmente en el caso de excepciones relacionadas con el proceso de toma de decisiones. Ciertamente, la motivación adecuada es esencial para considerar válidas las decisiones que deniegan el acceso. Su falta ha sido la razón más común de anulación de dichas decisiones.

Ahora bien, las instituciones no están siempre obligadas a proporcionar las "razones imperativas" que justifican la aplicación de las excepciones, ya que podría comprometer el propósito esencial de la excepción en sí. De hecho, en ocasiones, puede resultar extremadamente complicado justificar los motivos por los que se deniega el acceso a un documento sin revelar su contenido ni privar a la excepción de su fin y utilidad (GUICHOT, 2023: 120).

De este modo, cuando una institución decide denegar el acceso a un documento cuya divulgación se le solicitó, "*le corresponderá, en principio, explicar las razones por las que el acceso a dicho documento puede menoscabar concreta y efectivamente el interés protegido por una excepción prevista en el artículo 4 del Reglamento nº 1049/2001 que invoca dicha institución*"[70]. Además, habida cuenta de que dichas excepciones "*deben interpretarse y aplicarse en sentido estricto*"[71], el riesgo de dicho menoscabo debe ser "*razonablemente previsible y no puramente hipotético*"[72].

Los motivos expuestos por una institución para la denegación de acceso son adecuados y suficientes cuando de los mismos se puede deducir si se ha llevado a cabo una evaluación exhaustiva y concreta de los documentos solicitados, y descartar que sólo se basa en características generales de tipos de documentos o de la materia a la que pertenecen. Asimismo, el contexto en el que se adopta una decisión denegatoria de una solicitud de acceso es especialmente relevante, pues reduce las expectativas de motivación que se tiene sobre la institución. Por ejemplo,

---

68   Sentencia del Tribunal de Primera Instancia (Sala Cuarta) de 25 de abril de 2007, *WWF European Policy Programme* contra Consejo de la Unión Europea, asunto T-264/04, ECLI:EU:T:2007:114, apartados 44.

69   Sentencia del Tribunal de Justicia (Gran Sala) de 21 de septiembre de 2010, Reino de Suecia contra *Association de la presse internationale* ASBL (API) y Comisión Europea, C-514/07 P, ECLI:EU:C:2010:541, apartado 73.

70   Apartado 72, asunto C-514/07 P.

71   Sentencia del Tribunal de Justicia (Gran Sala) de 18 de diciembre de 2007, Reino de Suecia contra Comisión de las Comunidades Europeas y otros, asunto C-64/05 P, ECLI:EU:C:2007:802, apartado 66.

72   Sentencia del Tribunal de Justicia (Sala Primera) de 21 de julio de 2011, Reino de Suecia contra Comisión Europea y *MyTravel Group plc*, asunto C-506/08 P, ECLI:EU:C:2011:496, apartado 76.

en materia de defensa o asuntos militares. En cualquier caso, la institución debe proporcionar una motivación suficiente y adecuada para respaldar su negativa al acceso a unos documentos solicitados (GUICHOT, 2023: 121).

Al mismo tiempo, es necesario analizar la motivación en su conjunto, tanto en la denegación de la solicitud inicial como en la reconsideración de la misma (en el caso de que se haya tramitado una solicitud confirmatoria). Cuando se emite una respuesta que confirma la denegación basada en los mismos motivos, la suficiencia de la motivación debe evaluarse considerando, además, el intercambio entre la institución y el solicitante. Por otro lado, cuando durante el proceso de solicitud de acceso a documentos el solicitante presenta argumentos que podrían cuestionar los fundamentos de la denegación de la solicitud inicial, la institución está obligada también a explicar en la respuesta a la solicitud confirmatoria los motivos por los cuales los argumentos del solicitante no modifican su posición. Todo ello para que el solicitante pueda entender las razones por las cuales se ha decidido mantener los mismos motivos para confirmar la denegación (GUICHOT, 2023: 121).

No obstante, resulta de la jurisprudencia del TJUE que las instituciones pueden basar su denegación en presunciones generales *iuris tantum* que se aplican a determinadas categorías de documentos[73]. Ahora bien, el reconocimiento de una presunción general a favor de una nueva categoría de documentos exige que se demuestre previamente que la divulgación de los documentos de esta categoría puede perjudicar, *"de forma razonablemente previsible"*, al interés protegido por la excepción en cuestión. Así pues, en cada caso deben asegurarse de que *"las consideraciones de carácter general normalmente aplicables a un determinado tipo de documentos son efectivamente aplicables al documento concreto cuya divulgación se solicita"*[74].

Estas presunciones se han ido estableciendo a golpe de sentencia y, hasta la fecha, el Tribunal de Justicia ha admitido presunciones generales de confidencialidad para cinco categorías de documentos, a saber, los documentos de un expediente administrativo relativos a un procedimiento de control de ayudas de Estado, los escritos presentados ante los órganos jurisdiccionales de la Unión en un procedimiento judicial aún pendiente, los documentos intercambiados entre la Comisión y las partes notificantes o terceros en el marco de un procedimiento de control de las operaciones de concentración entre empresas, los documentos correspondientes a un procedimiento administrativo previo por incumplimiento, incluidos aquellos intercambiados entre la Comisión y el Estado miembro afectado en el contexto de un procedimiento EU Pilot, y los documentos correspondientes a un procedimiento de aplicación del artículo 101 del TFUE[75].

En cualquier caso, cuando opera una presunción general (y no prevalece un interés público superior, como se explicará a continuación) los documentos en cuestión escapan a la obligación de divulgación total o parcial de su contenido[76].

Así pues, el Tribunal de Justicia ha establecido una estructura de tres etapas para determinar si una institución cumple con los requisitos mencionados y, por lo tanto, está en su derecho para denegar el acceso a un documento. En primer lugar, debe identificar y verificar las partes del documento que contienen información cubierta por una excepción; a continuación, la institución debe examinar si la divulgación de las partes del documento en cuestión relacionadas con el interés protegido "socavaría la protección" de dicho interés. El riesgo de que dicho interés se vea socavado debe ser, como se explica más arriba, razonablemente previsible y no puramente hipotético. En último lugar (por lo que respecta a lo dispuesto en los apartados 2 y 3 del artículo 4), la institución debe evaluar si algún interés público superior justifica la divulgación (DRIESSEN, 2012; CURTIN & LEINO, 2016).

El concepto de "interés público superior" puede resultar poco claro. No obstante, la doctrina jurisprudencial ha establecido que debe evaluarse considerando el beneficio de una mayor apertura en el proceso de toma de decisiones,

---

73   Apartado 74, asunto C-514/07 P.

74   Sentencia del Tribunal de Justicia (Gran Sala) de 1 de julio de 2008, Reino de Suecia y *Maurizio Turco* contra Consejo de la Unión Europea, asuntos acumulados C-39/05 P y C-52/05 P, ECLI:EU:C:2008:374, apartados 49 y 50.

75   Sentencia de 16 de julio de 2015, *ClientEarth* contra Comisión, asunto C-612/13 P, EU:C:2015:486, apartado 77; en lo que respecta a los escritos presentados ante los órganos jurisdiccionales de la Unión, sentencia de 18 de julio de 2017, Comisión/Breyer, C-213/15 P, EU:C:2017:563, apartado 41; en cuanto a los documentos intercambiados en el marco de un procedimiento EU Pilot, la sentencia de 11 de mayo de 2017, Suecia/Comisión, C-562/14 P, EU:C:2017:356, apartado 51.

76   Sentencia del Tribunal de Justicia (Sala Novena) de 14 de julio de 2016, *Sea Handling SpA*, en liquidación, anteriormente *Sea Handling SpA*, contra Comisión Europea, asunto C-271/15 P, ECLI:EU:C:2016:557, apartado 61.

la participación ciudadana y la legitimidad y responsabilidad de la administración en un sistema democrático[77]. De esta forma, se refiere a circunstancias en las que la divulgación de documentos promueva la transparencia, la participación ciudadana y fortalezca los principios democráticos.

Es importante separar esta cuestión de la de si se presume o no un interés público superior. Cuando el documento solicitado se refiere a un procedimiento legislativo, existe la presunción de que existe un interés público superior y corresponde a la institución disiparla[78]. No, en cambio, para los documentos relativos a los procedimientos administrativos o judiciales en curso. En esos casos, la presunción tiende a ser la contraria[79]. Ahora bien, esto no excluye el derecho de la parte interesada a demostrar que un determinado documento cuya divulgación se ha solicitado no está cubierto por dicha presunción, o que existe un interés público superior[80], aunque pueda resultar difícil para el solicitante al no tener acceso al expediente. Esta distinción parece aplicarse a cualquier procedimiento administrativo o judicial en curso y extenderse a otras excepciones (DRIESSEN, 2012: 56).

Por último, la transparencia puede considerarse un interés público superior en general, pero no se presume automáticamente, y no se refiere al interés individual en un documento específico (DRIESSEN, 2012: 56).

Respecto a la carga de la prueba al aplicar una de las excepciones contenidas en el artículo 4, el *onus probandi* incumbe a la institución que la invoca. En cambio, por lo que respecta a los apartados 2 y 3 del artículo 4, "*incumbe a quien sostenga la existencia de un interés público superior demostrar e invocar de manera concreta las circunstancias que justifiquen la divulgación de los documentos de que se trate*"[81], teniendo en cuenta que no basta con consideraciones de orden meramente general[82].

En cualquier caso, el interés público superior que puede justificar la divulgación de un documento no ha de ser necesariamente distinto de los principios que subyacen al Reglamento 1049/2001[83].

Finalizando, pues, sobre este punto, en el caso de que las excepciones previstas se apliquen únicamente a determinadas partes del documento solicitado, las demás partes se deben divulgar (art. 4.6 del Reglamento 1049/2001). Además, las excepciones tienen fecha de caducidad, pues sólo se aplican durante el período en que esté justificada la protección en función del contenido del documento, y en todo caso, durante un período máximo de 30 años, aunque si son documentos cubiertos por las excepciones relativas a la intimidad o a los intereses comerciales, así como en el caso de los documentos sensibles, las excepciones pueden seguir aplicándose después de dicho período, si fuere necesario, claro (art. 4.7. del Reglamento 1049/2001).

3.4.1. Excepciones al acceso de los documentos legislativos

Dada la extensión limitada del trabajo, el siguiente apartado se centra en las excepciones recogidas en el artículo 4.3 del Reglamento 1049/2001. No en cambio, en las del apartado uno y dos, que tendrían que ser objeto de un análisis más detallado.

Por otro lado, conviene mencionar que la excepción del art. 4.3 se aplica tanto a documentos legislativos como a documentos no legislativos. No obstante, habida cuenta del enfoque de este trabajo, el mismo se centra exclusivamente en los documentos legislativos.

Esta elección se basa en la estrecha relación de los principios de la UE como democracia representativa, consagrados en los Tratados de la Unión, y el acceso a los documentos elaborados en el marco de un proceso legislativo.

---

77 Apartado 45 a 47 y 67, asunto C-39/05 P.

78 Ídem.

79 Sentencia del Tribunal de Justicia (Gran Sala) de 29 de junio de 2010, Comisión Europea contra *Technische Glaswerke Ilmenau GmbH*, asunto C-139/07 P, ECLI:EU:C:2010:376, apartados 58 a 60.

80 Íbid., apartado 62.

81 Apartados 91 y 97, asunto T306/12.

82 Apartado 92, asunto T-306/12.

83 Apartado 93, asunto T-306/12.

En consonancia con el artículo 10 del TUE, el cual declara que *"[t]odo ciudadano tiene derecho a participar en la vida democrática de la Unión"* y *"[l]as decisiones serán tomadas de la forma más abierta y próxima posible a los ciudadanos"*, la transparencia y apertura en el proceso de toma de decisiones resultan indispensables para la legitimidad de los actos de la UE, la participación activa de los ciudadanos en el procedimiento legislativo y la rendición de cuentas (MOSER, 2001: 29).

Por estas razones, se considera que los documentos legislativos son de particular importancia y merecen una atención especial en el estudio y análisis del derecho de acceso a los documentos de la UE.

Así pues, el Reglamento 1049/2001 se presenta como el instrumento jurídico clave para acceder a los documentos en el proceso de toma de decisiones de la UE en su capacidad legislativa. Uno de los objetivos de dicho Reglamento es el aumento de la transparencia del proceso de toma de decisiones[84], ya que la apertura permite garantizar una mayor participación de los ciudadanos en el mismo[85]. Por ello, el legislador europeo dispuso que: *"[s]e debe proporcionar un mayor acceso a los documentos en los casos en que las instituciones actúen en su capacidad legislativa, incluso por delegación de poderes, al mismo tiempo que se preserva la eficacia de su procedimiento de toma de decisiones. Se debe dar acceso directo a dichos documentos en la mayor medida posible"*[86].

En particular, el artículo 2.4 obliga a las instituciones a facilitar el acceso directo a los documentos elaborados o recibidos en el marco de un procedimiento legislativo. Más adelante, el artículo 12 lo completa estableciendo la definición de los documentos legislativos, a saber, aquellos *"documentos elaborados o recibidos en el marco de los procedimientos de adopción de actos jurídicamente vinculantes para o en los Estados miembros"*.

Con la entrada en vigor del Tratado de Lisboa, el Consejo y el Parlamento Europeo deben actuar con el mayor respeto posible al principio de apertura (art. 15.1 TFUE). De hecho, por mandato del art. 15.2 del TFUE, las sesiones del Parlamento Europeo son públicas, así como las del Consejo en las que éste delibera y vota sobre un proyecto de acto legislativo. Además, estas dos instituciones deben garantizar *"la publicidad de los documentos relativos a los procedimientos legislativos en las condiciones establecidas por sus reglamentos internos"* (art. 15.3).

Si bien existen preocupaciones legítimas sobre la influencia externa y la presión que puede ejercer el escrutinio público en la toma de decisiones, es importante reconocer que la transparencia y la participación ciudadana son fundamentales para fortalecer la democracia y la legitimidad de los procesos legislativos.

Las excepciones al derecho de acceso a documentos en la legislación europea se establecen para casos en los que se pueda causar un perjuicio grave, pero incluso en esos casos, un interés público superior en la divulgación puede prevalecer. De esta forma, la intención del legislador europeo fue apostar por una mayor transparencia (GUICHOT, 2023: 222). Los antecedentes históricos del Reglamento 1049/2001 respaldan esta conclusión. Inicialmente, la Comisión propuso excluir los textos de uso interno del ámbito de aplicación del Reglamento para proteger el "espacio de reflexión" de las instituciones. Sin embargo, el legislador rechazó esta exclusión y dichos documentos deben estar disponibles al igual que el resto. Además, el acceso a estos documentos debe ser aún más amplio, ya que la excepción de protección de las deliberaciones internas tiene requisitos más estrictos que otras excepciones. Es evidente que la intención del legislador fue otorgar una protección menor al "espacio de reflexión" en comparación con otros intereses[87].

En esta perspectiva, la jurisprudencia ha interpretado restrictivamente los límites que, en razón de la necesidad de proteger otros intereses importantes, pueden justificar una negativa de las instituciones europeas a divulgar documentos en el proceso de toma de decisiones. A continuación, se analizan los presupuestos, además de los analizados en el apartado anterior, para que se pueda aplicar, en concreto, la excepción del art. 4.3 del Reglamento 1049/2001.

---

84   Considerando 3 del Reglamento 149/2001.

85   Considerando 2 del Reglamento 149/2001.

86   Considerando 6 del Reglamento 149/2001.

87   Así lo explicó la Abogada General Kokott en sus Conclusiones de 3 de marzo de 2011 al asunto C-506/08 P, Reino de Suecia contra *MyTravel Group* plc y Comisión, ECLI:EU:C:2011:107, apartados 48 y 49.

En primer lugar, la excepción se aplica a los documentos relacionados con el "proceso de toma de decisiones". El Tribunal de Justicia ha aclarado que este concepto debe entenderse *"referido a la adopción de la decisión sin cubrir la totalidad del procedimiento administrativo que condujo a aquélla"*[88], ya que de lo contrario extendería *"el ámbito de aplicación de la excepción al derecho de acceso previsto por esa disposición hasta el punto de permitir que una institución de la Unión deniegue el acceso a cualquier documento"*[89], lo que bloquearía el acceso a gran parte de la información. Por ello, la excepción aplica específicamente a aquellos documentos valorados para tomar una decisión.

En segundo lugar, la excepción no excluye la posibilidad de solicitar el acceso a documentos de carácter provisional, es decir, aquellos que no reflejen la decisión final. Además, el carácter provisional de un documento no puede, por sí solo, demostrar de manera general y sin una evaluación individual, que exista un riesgo de perjuicio grave para el proceso de toma de decisiones de la institución. Ciertamente, en palabras del Tribunal de Justicia, *"un perjuicio de este tipo depende de factores como el grado de acabado del documento de que se trate y la fase precisa en que se encuentra el proceso de toma de decisiones en el momento en que se deniega el acceso al documento, el contexto específico que rodea dicho proceso, así como las cuestiones que aún estén por debatir internamente en la institución de que se trate"*[90].

Por último, el Reglamento 1049/2001 distingue dos tipos de documentos, por un lado, el *"documento elaborado por una institución para su uso interno o recibido por ella, relacionado con un asunto sobre el que la institución no haya tomado todavía una decisión"*, y, por otro lado, el *"documento que contengan opiniones para uso interno, en el marco de deliberaciones o consultas previas en el seno de la institución"*. Así pues, en el caso de los primeros[91], el acceso no puede ser denegado una vez se haya tomado la decisión.

A este respecto, la Comisión argumentó que si se permite el acceso después de la toma de decisiones *"la consecuencia de tal divulgación sería que los autores de informes de este tipo tendrían en cuenta en el futuro el riesgo de divulgación, hasta el punto de que podrían verse inducidos a autocensurarse y a no exponer ninguna opinión que pudiera suponer algún riesgo para el destinatario del informe de que se tratara"*. En tal supuesto, la Comisión *"ya no podría contar con la opinión libre y completa que corresponde proporcionar a sus agentes y funcionarios, viéndose privada de una crítica interna constructiva, libre de todo condicionamiento exterior o presión externa y destinada a facilitarle la toma de decisiones"*[92].

No obstante, la jurisprudencia ha descartado este argumento ya que el Reglamento 1049/2001 establece claramente esta distinción y, de esta forma, limita la aplicación de la excepción a documentos relacionados con una materia en la que aún no hay una decisión definitiva. Así, se mantiene un proceso de toma de decisiones sin la influencia y/o interferencia del escrutinio externo, a cambio de permitir el acceso a la información una vez que se ha tomado la decisión (salvo que exista otra excepción para negar dicho acceso).

Por consiguiente, en relación a los documentos que contienen opiniones para uso interno, al ser considerados más sensibles, se puede denegar el acceso incluso después de que se haya tomado la decisión a la cual están relacionados. Sin embargo, en estos casos, el hecho de si el procedimiento ha concluido o no sí influye en la determinación de la existencia de un perjuicio grave, siendo menor en el segundo caso. Por ello, las razones que en un principio justificaban la denegación cuando la decisión aún no se ha tomado pueden no ser suficientes una vez se ha tomado la decisión, salvo que la institución justifique que la finalización del procedimiento no excluye la posibilidad de un perjuicio grave (DRIESSEN, 2012; CURTIN & LEINO, 2017; GUICHOT, 2023).

---

88 Sentencia del Tribunal de Justicia (Sala Quinta) de 13 de julio de 2017, *Saint-Gobain Glass Deutschland GmbH* contra Comisión Europea, asunto C-60/15 P, ECLI:EU:C:2017:540, apartado 76.

89 Íbid., Apartado 75

90 Sentencia del Tribunal de Justicia (Gran Sala) de 4 de septiembre de 2018, *ClientEarth* contra Comisión Europea, asunto C-57/16 P, ECLI:EU:C:2018:660, apartado 111.

91 Por ejemplo, un informe o una nota se consideran documento de uso interno. El TJUE se ha pronunciado en particular sobre un informe de un grupo de trabajo de la Comisión, un informe del asesor de auditoría o una nota de una Dirección General enviada al Comité consultivo de la Comisión, o, en fin, una nota relativa a una visita (GUICHOT, 2023: 220).

92 Sentencia del Tribunal de Primera Instancia (Sala Tercera ampliada) de 9 de septiembre de 2008, *MyTravel Group plc* contra Comisión de las Comunidades Europeas, asunto T-403/05, ECLI:EU:T:2008:316, apartado 52.

Según el TJUE, para que se considere que concurre un perjuicio grave, la divulgación del documento debe influir de una manera importante en el proceso de toma de decisiones. La gravedad del perjuicio se aprecia dependiendo de las circunstancias de cada caso, pero en especial, está sujeta a los efectos negativos de la divulgación en el proceso de toma de decisiones que, en todo caso, deben ser probados por la institución[93].

Los recursos de anulación presentados por solicitantes contra decisiones denegatorias de solicitudes de acceso indican que el TJUE no se muestra convencido por los temores o consideraciones generales de las instituciones para confirmar que concurre un perjuicio grave. En este sentido, argumentos generales sobre posibles presiones externas, repercusiones en las negociaciones o sobre la sensibilidad de la materia son considerados hipotéticos y no suficientes para demostrar la existencia de un perjuicio grave al proceso de toma de decisiones. Como se ha explicado, la jurisprudencia exige a las instituciones pruebas sólidas y convincentes del perjuicio grave que se ajusten a las circunstancias de cada caso concreto para justificar la aplicación de la excepción del artículo 4.3 y, posterior denegación de acceso, excluyendo los temores generales o hipotéticos.

No obstante, en el contexto de los procedimientos legislativos es preciso matizar ciertos aspectos. Para empezar, como se ha adelantado, el Derecho de la UE reconoce la necesidad de garantizar la transparencia y el derecho de acceso en la mayor medida posible cuando las instituciones actúan en su capacidad legislativa. De hecho, *"el ejercicio por los ciudadanos de sus derechos democráticos presupone la posibilidad de seguir en detalle el proceso de toma de decisiones en el seno de las instituciones que participan en los procedimientos legislativos y de tener acceso a toda la información pertinente".* Por ello, en *"un sistema basado en el principio de la legitimidad democrática,* [las instituciones] *deben responder de sus actos frente al público"* [94].

Como ha declarado el Tribunal de Justicia, *"la transparencia contribuye a reforzar la democracia, al permitir que los ciudadanos controlen toda la información que ha constituido el fundamento de un acto legislativo. En efecto, la posibilidad de que los ciudadanos conozcan los fundamentos de la actividad legislativa es una condición del ejercicio efectivo, por aquéllos, de sus derechos democráticos"*[95]

Por ello, de la jurisprudencia se desprende que las excepciones del Reglamento 1049/2001 deben interpretarse y aplicarse restrictivamente, en particular en el marco de un procedimiento legislativo.

Por lo que respecta al Consejo, actúa en su capacidad legislativa *"cuando delibere y vote sobre un proyecto de acto legislativo".* En la práctica a través del *"sitio Internet del Consejo"* y *"por medios audiovisuales, en particular en una sala de escucha y mediante la difusión por vídeo en directo en todas las lenguas oficiales de las instituciones de la Unión Europea"*[96]. Existe una relación directa entre las sesiones abiertas del Consejo y el acceso a los documentos. Cuando el Consejo celebra sesiones en las que se abordan asuntos legislativos, los documentos presentados durante esas sesiones y los elementos del acta del Consejo relacionados con esos asuntos deben hacerse públicos, y, por consiguiente, ser accesibles al público.

En este sentido, el TJUE ha podido pronunciarse respecto al acceso a ciertos documentos legislativos a través de recursos de anulación presentados ante él. Así pues, ha tenido la tarea de analizar y determinar, en casos concretos, si se debe permitir o denegar el acceso a dichos documentos. A golpe de sentencia, el TJUE ha interpretado la pertinencia de la excepción de "espacio para reflexionar" del artículo 4.3, relativa a las situaciones en las que la institución aún no ha tomado una decisión, en el contexto legislativo. Así, se han establecido los precedentes y se ha aportado orientación y claridad sobre la cuestión del acceso a documentos legislativos en el contexto europeo.

---

93   Sentencia del Tribunal General (Sala Décima ampliada) de 25 de enero de 2023, *Emilio De Capitani* contra Consejo de la Unión Europea, asunto T-163/21, ECLI:EU:T:2023:15, apartado 70.

94   Sentencia del Tribunal General (Sala Tercera) de 22 de marzo de 2011, *Access Info Europe* contra Consejo de la Unión Europea, asunto T-233/09, ECLI:EU:T:2011:10, apartado 69.

95   Sentencia del Tribunal General (Sala Tercera) de 22 de marzo de 2011, *Access Info Europe* contra Consejo de la Unión Europea, asunto T-233/09, ECLI:EU:T:2011:10, apartado 57.

96   Artículo 7 de la Decisión del Consejo, de 1 de diciembre de 2009, por la que se aprueba su Reglamento interno, DO L 325 de 11.12.2009, p. 35.

En primer lugar, el TJUE ha declarado que el acceso a los documentos que contengan las posiciones defendidas por los Estados en el seno del Consejo no perjudica gravemente el proceso de toma de decisiones, en el sentido de la excepción prevista en el artículo 4.3 del Reglamento 1049/2001[97].

Tampoco los dictámenes del Servicio Jurídico del Consejo elaborados en el marco de una propuesta legislativa. En el asunto T-395/13, el Tribunal General recordó que el acceso del público al contenido íntegro de los documentos del Consejo constituye un principio, en particular en el marco de un procedimiento en el que las instituciones actúan en su capacidad legislativa, y que las excepciones deben interpretarse y aplicarse de manera estricta[98]. El Consejo alegó que la divulgación del documento en cuestión (un dictamen del servicio jurídico que analizaba la base jurídica de una propuesta normativa) podía comprometer su capacidad de negociación y la posibilidad de alcanzar un acuerdo con el Parlamento, lo que constituía un riesgo para el proceso de toma de decisiones en el sentido del art. 4.3 del Reglamento 1049/2001. No obstante, el TG señaló que los dictámenes en los que se examina la base jurídica de una propuesta legislativa tratan una cuestión esencial del proceso legislativo y no modifica el objeto de los debates, sino que constituye una parte esencial de éstos[99]. Además, añadió que *"dada la importancia de la elección de la base jurídica de un acto legislativo, la transparencia sobre dicha elección no debilita el proceso de toma de decisiones, sino que lo refuerza"*[100].

El Tribunal General citó la jurisprudencia derivada de la sentencia *Turco* y concluyó que la transparencia en materia de asesoramiento jurídico, al permitir debatir abiertamente las divergencias entre varios puntos de vista, contribuye a conferir una mayor legitimidad a las instituciones ante los ciudadanos de la Unión y a aumentar su confianza. Por el contrario, la ausencia de información y de debate es lo que puede suscitar dudas en los ciudadanos no sólo sobre la legalidad de un acto aislado, sino también sobre la legitimidad del proceso decisorio en su conjunto[101].

Por consiguiente, los dictámenes del Servicio Jurídico que versan sobre la base jurídica de una propuesta normativa no se pueden considerar, en principio, particularmente sensibles o de amplio alcance, y su divulgación no obstaculiza la adopción de un acuerdo en el seno del Consejo. Sólo en casos excepcionales se podría denegar el acceso, pero en todo caso la institución lo deberá motivar detalladamente y aplicarlo únicamente *"durante el período en que la protección esté justificada por el contenido del documento"*[102].

El TJUE también tuvo la oportunidad de abordar, en los asuntos T-424/14, T-425/14 y C-57/16 P (*ClientEarth* contra Comisión), la cuestión de si los documentos relativos a las evaluaciones de impacto elaborados antes de la adopción de un procedimiento legislativo de la Comisión deben ser públicos o no.

---

97 Sentencia del Tribunal General (Sala Tercera) de 22 de marzo de 2011, *Access Info Europe* contra Consejo de la Unión Europea, asunto T-233/09, ECLI:EU:T:2011:10, apartado 80. En este asunto, el Consejo alegaba que la divulgación de la identidad de las delegaciones que formularon propuestas en un momento en que el Consejo aún no había adoptado una decisión limitaría su margen de maniobra. Además, afirmaba que las delegaciones tendrían menos libertad para modificar su posición en los debates futuros y para justificar ante la opinión pública de sus países una posición distinta a la de su posición inicial. No obstante, la apreciación del Tribunal de Justicia fue la contraria. En concreto, sostuvo que las alegaciones del Consejo eran demasiado abstractas y no estaban suficientemente fundamentadas, puesto que alegar para negar el acceso a los documentos que la divulgación de la identidad de las delegaciones limita su libertad para modificar su posición o una hipotética presión de la opinión pública no es suficiente. Asimismo, señaló que no es problemático que las propuestas puedan ser modificadas durante las discusiones ya que el público es capaz de comprender que el autor puede cambiar de parecer posteriormente. Por otro lado, el TJUE declaró que el carácter preliminar de las discusiones en curso no justifica la aplicación de la excepción, ya que el Reglamento 1049/2001 no hace distinciones en función del avance de las discusiones. Finalmente, el TJUE concluyó que las alegaciones del Consejo no eran suficientes puesto que no proporcionó pruebas concretas de un perjuicio grave al proceso legislativo, siendo, además, el acceso del público a dicha información fundamental en un sistema democrático. Por otro lado, merece especial atención las Conclusiones de 16 de mayo de 2013 del Abogado General Cruz Villalón, en las que consideró que, *"el lenguaje del Reglamento no 1049/2001 cuando, en su descripción del alcance de la excepción del artículo 4, apartado 3, se refiere a «opiniones para uso interno», resulta escasamente apropiado a la hora de referirse a un procedimiento «legislativo»".* Incluso, según el Sr. Cruz Villalón, se podría sostener que, *"en el contexto de un procedimiento legislativo, no existen «opiniones internas»"* (Conclusiones del Abogado General Cruz Villalón presentadas el 16 de mayo de 2013, Consejo de la Unión Europea contra *Access Info Europe*. asunto C-280/11 P, ECLI:EU:C:2013:325, apartado 51).

98 Sentencia del Tribunal General (Sala Séptima) de 18 de septiembre de 2015, *Samuli Miettinen* contra Consejo de la Unión Europea, asunto T-395/13, ECLI:EU:T:2015:648, apartado 67.

99 Ídem., apartado 70.

100 Ídem., apartado 69.

101 Ídem., apartado 71.

102 Ídem., apartados 72 al 75.

El Tribunal General reconoció la existencia de una presunción general según la cual la divulgación de dichos documentos puede perjudicar gravemente al proceso de toma de decisiones de la Comisión, en el sentido del artículo 4.3 del Reglamento 1049/2001, *"durante el tiempo en que dicha institución no ha tomado una decisión en cuanto a la presentación de la eventual propuesta"* [103].

No obstante, el Tribunal de Justicia resolvió el recurso de casación contra la sentencia del TG en la que reconocía dicha presunción general[104]. Para el TJUE, las actuaciones legislativas, en las que el Reglamento 1049/2001 prevé una transparencia reforzada, deben entenderse en sentido amplio, en el sentido de documentos que, en el contexto del procedimiento legislativo, constituyan la base de eventuales actos legislativos. De esta forma, aunque la Comisión no actúa en calidad de legislador, los documentos de evaluación de impacto, elaborados por ella, desempeñan un papel fundamental en el proceso legislativo, por lo que forman parte de la base de la acción legislativa de la Unión y se inscriben en el contexto de un proceso legislativo.

En palabras del TJUE, *"el Tribunal General erró al considerar que, en esencia, la protección de la facultad de iniciativa de la Comisión y la preservación de la capacidad de dicha institución de ejercer dicha facultad con plena independencia y al servicio del interés general requerían, en principio, que los documentos elaborados en el contexto de una evaluación de impacto siguieran siendo confidenciales hasta que dicha institución tomara su decisión al respecto"*[105].

En este recurso, la Comisión alegó que la divulgación de estos documentos antes de terminar el proceso de evaluación de impacto a determinadas partes interesadas, que intentaran influir en los trabajos de dicha institución, *"podría conllevar un riesgo de sobrerrepresentación, así como una influencia desproporcionada de los intereses de dichas partes, lo que podría falsear el proceso de toma de decisiones de dicha institución"*[106]. El TJUE concluyó sobre este aspecto que la Comisión es capaz de evitar influencias indebidas o desequilibrios en el proceso legislativo sin necesidad de denegar el acceso, por lo que ese riesgo no es suficiente para alegar un perjuicio en el sentido del art. 4.3 del Reglamento 1049/2001.

En lo que atañe a las actas de grupos de expertos que intervienen en una propuesta normativa el Tribunal General también se ha pronunciado. En el caso de *Borax Europe Ltd* contra la Comisión (asuntos T-121/05 y T-166/05) se solicitó el acceso a las grabaciones de una reunión de un grupo de expertos cuya opinión fue solicitada para aprobar una legislación. El Tribunal General declaró que no se puede aplicar la excepción para los dictámenes científicos, por lo que las grabaciones deben divulgarse, en principio, incluso si pueden generar controversia o disuadir a las personas de hacer contribuciones al proceso de toma de decisiones. Se trata de un riesgo inherente al derecho de acceso del cual no cabe presumir que la divulgación cause un grave perjuicio[107].

En cambio, cuando se trata de notas y actas con comentarios "críticos" del Servicio Jurídico de una institución, y realizadas a lo largo del proceso de elaboración y aprobación de un acto legislativo, el TJUE ha aceptado la aplicación de excepciones, siempre y cuando se den los presupuestos para poder aplicarlas.

En el asunto T-796/14, *Philip Morris Ltd*, una empresa de comercialización de productos del tabaco pidió acceso a documentos de la Comisión elaborados en el marco de trabajos preparatorios para la adopción de la Directiva del tabaco 2014/40/UE. La Comisión dio acceso parcial y ocultó aquellos comentarios en los que se desprendía que el servicio jurídico consideraba que, en lo que respecta a determinadas elecciones políticas contenidas en el proyecto de evaluación de impacto y vinculadas a los productos del tabaco, la Unión Europea no tenía la competencia para legislar o que dicha elección política no era proporcional a la luz del artículo 114 del TFUE[108].

---

103 Sentencia del Tribunal General (Sala Segunda) de 13 de noviembre de 2015, *ClientEarth* contra Comisión Europea, asuntos acumulados T-424/14 y T-425/14, ECLI:EU:T:2015:848.

104 Sentencia del Tribunal de Justicia (Gran Sala) de 4 de septiembre de 2018, *ClientEarth* contra Comisión Europea, asunto C-57/16 P, ECLI:EU:C:2018:660.

105 Ídem., apartado 109.

106 Ídem., apartado 124.

107 Sentencia del Tribunal de Primera Instancia (Sala Séptima) de 11 de marzo de 2009, *Borax Europe Ltd* contra Comisión de las Comunidades Europeas, asunto T-121/05, ECLI:EU:T:2009:64.

108 Sentencia del Tribunal General (Sala Octava) de 15 de septiembre de 2016, *Philip Morris Ltd* contra Comisión Europea, asunto T-796/14, ECLI:EU:T:2016:483, apartado 69.

A este respecto, el TJUE recordó que el Reglamento 1049/2001 exige, en principio, que los dictámenes del servicio jurídico de una institución relacionados con un proceso legislativo sean públicos. Excepcionalmente, se puede denegar el acceso a un dictamen del servicio jurídico si tiene un carácter especialmente sensible o un alcance más amplio que va más allá del marco del proceso legislativo en cuestión, siempre y cuando la institución proporcione una justificación detallada en la que demuestre que la divulgación causaría un perjuicio razonablemente previsible y no meramente hipotético, y compruebe que no existe un interés público superior que obligue a la divulgación a pesar del perjuicio al interés que quiere proteger.

Debe suponerse que los documentos internos y las actas de reuniones pueden contener discusiones y comentarios sobre diversos aspectos de un proceso o política, por ejemplo, sobre evaluaciones de actuaciones o decisiones tomadas por la institución. Es comprensible que surjan debates internos y se compartan diferentes puntos de vista antes de llegar a una posición final. Así pues, la justificación de la Comisión para la denegación de acceso, aceptada por el TJUE, fue que la divulgación de las partes ocultas *"podría poner en peligro la protección del asesoramiento jurídico, es decir la protección del interés de una institución en solicitar asesoramiento jurídico y en recibir dictámenes sinceros, objetivos y completos y la posición del Servicio Jurídico de la Comisión en su defensa de la validez de la Directiva ante el TJUE, en pie de igualdad con las demás partes, en la medida en que revelaría la posición de su Servicio Jurídico sobre cuestiones sensibles y controvertidas antes incluso de haber tenido la oportunidad de presentarla durante el procedimiento judicial, mientras que la otra parte no está sometida a una obligación similar"*[109].

Por último, existe una clase de documentos que, sin lugar a duda, merece ser abordada con especial atención por su relevancia en el contexto legislativo de la Unión: los documentos generados en los diálogos tripartitos o "trílogos". Se trata de la parte informal del proceso legislativo de la UE mediante la cual el Parlamento y el Consejo, los "colegisladores", llegan a un acuerdo sobre la legislación propuesta. Esta importante parte del proceso se basa en negociaciones directas, cara a cara, entre los colegisladores, asistidos por la Comisión[110].

Los Tratados de la UE contienen normas detalladas sobre cómo deben alcanzar los acuerdos entre los colegisladores para aprobar un acto legislativo. Sin embargo, este proceso formal puede ser complejo y lento, pues contempla múltiples fases de deliberaciones y votaciones (BRANDSMA, 2018: 3). Si bien, están previstas reuniones formales –en el "Comité de Conciliación"– esto sólo puede ocurrir al final del proceso.

Por ello, las tres instituciones implicadas en el procedimiento legislativo han desarrollado una práctica más flexible para conciliar posiciones sobre la legislación propuesta. Son los llamados diálogos tripartitos, negociaciones informales entre representantes del Parlamento y del Consejo, asistidos por la Comisión, cuyo objetivo es alcanzar un acuerdo sobre la legislación, y pueden celebrarse en cualquier fase del procedimiento legislativo, una vez que la Comisión ha presentado una propuesta. Si las negociaciones tienen éxito, se presenta un texto de compromiso al Pleno del Parlamento y del Consejo. Si cada colegislador aprueba formalmente el texto de compromiso, éste se convierte en un acto legislativo.

Si bien, los diálogos tripartitos no están expresamente previstos en los Tratados, han demostrado ser un medio extremadamente eficaz y eficiente para alcanzar un acuerdo entre los colegisladores. De hecho, la mayor parte de la legislación se adopta ahora con la ayuda de los diálogos tripartitos, tras los debates, enmiendas y votaciones de ambos legisladores para formar sus posiciones iniciales. El recurso a varias rondas de deliberaciones formales o "lecturas" se ha convertido en la excepción más que en la regla (DEFENSORA DEL PUEBLO EUROPEO, 2015; BRANDSMA, 2018).

En este sentido, la informalidad de las reuniones y la participación de un número restringido de personas que intercambian información sobre las posiciones y preferencias políticas de las instituciones a las que representan, aceleran el proceso de negociación, evitando las idas y venidas entre el Consejo y el Parlamento Europeo, permitiendo a menudo finalizar el procedimiento legislativo en primera o segunda lectura (BRANDSMA, 2018; MARTINES; 2018, CABRAL, 2020).

---

109   Ídem., apartado 70.

110   Defensora del Pueblo Europeo (2016). *Decisión por la que se establecen propuestas a raíz de su investigación estratégica OI/8/2015/JAS sobre la transparencia de los diálogos tripartitos*, de 12 de julio de 2016.

Sin embargo, los trílogos pueden ser problemáticos desde el punto de vista de la transparencia, puesto que se caracterizan por la falta de ésta, sobre todo en lo que se refiere al acceso a los documentos elaborados por las instituciones y utilizados en estas reuniones informales: los documentos de "cuatro columnas" (MARTINES, 2018: 949). Estos documentos, tal y como su nombre indica, están formados por una tabla con cuatro columnas. Esta tabla recoge en las tres primeras columnas, durante las discusiones y frecuentemente línea por línea o párrafo por párrafo, las posiciones de las tres instituciones (Comisión, Consejo y Parlamento), y en la cuarta columna, el texto de compromiso. A medida que avanzan las negociaciones, se completa cada vez más la cuarta columna. La cuarta columna completada y acordada constituye el texto de compromiso final, que se hace público y debe ser adoptado luego en el procedimiento formal por cada colegislador para posiblemente convertirse en acto legislativo. Por lo tanto, el documento en evolución de cuatro columnas monitoriza el progreso de un diálogo tripartito. Es, en efecto, el "mapa" completo del proceso de negociación informal, pero decisivo, del trílogo[111].

En este contexto se aprecia la pertinencia de la sentencia dictada por el Tribunal General en el asunto *De Capitani* contra el Parlamento Europeo.

El Sr. Emilio De Capitani interpuso un recurso de anulación contra la decisión del Parlamento Europeo a través de la cual se le denegaba el acceso a la cuarta columna de un documento de "cuatro columnas" elaborado en el marco de diálogos tripartitos en curso en la fecha de la solicitud inicial relativos a los procedimientos legislativos ordinarios, por aplicación del artículo 4.3 del Reglamento 1049/2001.

En sus alegaciones, las tres instituciones pidieron al Tribunal General que reconociese la existencia de una presunción general de no divulgación en virtud de la cual *"la institución afectada puede denegar el acceso a la cuarta columna de los cuadros de los diálogos tripartitos en curso"*[112].

El Tribunal comienza abordando la naturaleza de los diálogos tripartitos y los define como *"una reunión tripartita informal en la que participan representantes del Parlamento, del Consejo y de la Comisión. El objetivo de esos contactos es buscar rápidamente un acuerdo sobre un conjunto de enmiendas aceptables para el Parlamento y el Consejo, acuerdo que, a continuación, todavía debe ser aprobado por tales instituciones conforme a sus procedimientos internos respectivos. Las discusiones legislativas durante un diálogo tripartito pueden versar tanto sobre cuestiones políticas como sobre cuestiones jurídicas técnicas"*[113].

Además, se basa en varias consideraciones para finalmente concluir que los documentos de "cuatro columnas", en el marco de los diálogos tripartitos, forman parte del procedimiento legislativo.

En primer lugar, el TG se basa en el alto porcentaje de actos legislativos adoptados después de los diálogos tripartitos (en 2018, el año en el que se pronunció el TG, fueron entre el 70 y 80%). Además, indica que el propio Parlamento reconoce en su Resolución de 28 de abril de 2016 (apartados 22 y 26), que los "trílogos" son considerados "fases decisivas del proceso legislativo" y constituyen un "procedimiento consolidado mediante el cual se adopta la mayor parte de la legislación"[114].

Por otro lado, el Reglamento interno del Parlamento establece reglas específicas que rigen la participación del Parlamento en los diálogos tripartitos, lo que demuestra, sin duda alguna, que se inscriben en el procedimiento legislativo[115].

Asimismo, el Tribunal General hizo constar que los diálogos tripartitos *"se celebran a puerta cerrada"*, añadiendo que los acuerdos alcanzados en estas reuniones informales, normalmente reflejados en la cuarta columna de los cuadros de los "trílogos", *"son adoptados, posteriormente, por los colegisladores, por lo general, sin modificaciones sustanciales"*[116].

---

111   Ídem.

112   Sentencia del Tribunal General (Sala Séptima ampliada) de 22 de marzo de 2018, *Emilio De Capitani* contra Parlamento Europeo, asunto T-540/15, ECLI:EU:T:2018:167, apartado 55.

113   Ídem., apartado 68.

114   Ídem., apartado 70.

115   Ídem., apartado 73.

116   Ídem., apartado 72.

Por último, la Resolución de 28 de abril de 2016 también establece claramente que los documentos de los diálogos tripartitos guardan relación con los procedimientos legislativos y no deben recibir un trato diferente de los demás documentos legislativos.

De lo antedicho resulta, tal y como declaró el TG, que los documentos que contienen cuadros de cuatro columnas en el marco de los diálogos tripartitos forman parte del procedimiento legislativo.

A continuación, el Tribunal General señaló que, hasta la fecha, no se ha reconocido una presunción general de no divulgación en el proceso legislativo. Como se ha explicado, la presunción general solo se ha aplicado a determinados documentos claramente delimitados que forman parte de un procedimiento administrativo o judicial en curso[117].

De todos modos, el Consejo y la Comisión argumentaron que, según lo dispuesto en el artículo 13 del TUE, apartado 1, y el artículo 294 del TFUE, se puede presumir que la cuarta columna de los cuadros de los diálogos tripartitos en curso puede no ser divulgada. Por el contrario, el Tribunal destacó que estos artículos no establecen explícitamente tal presunción y que su redacción no respalda la interpretación propuesta por las instituciones. De hecho, el TG enfatizó que la eficacia y la integridad del proceso legislativo no deben socavar los principios de publicidad y transparencia, que son fundamentales en dicho proceso[118].

Sobre la existencia de un perjuicio grave al proceso de toma de decisiones, según el Parlamento Europeo, éste se vería "real, concreta y gravemente" afectado por varias razones, pero hay que señalar que éstas son de aplicación general. De ser aceptado por el Tribunal General, este argumento equivaldría en realidad a una presunción general de no divulgación (MARTINES, 2018: 953).

Para justificar su negativa a conceder el acceso a los documentos solicitados, el Parlamento Europeo se basó en algunas consideraciones generales: el riesgo de socavar la confianza mutua y la cooperación con el Consejo, la presión sobre las personas implicadas en las negociaciones que hace más difícil alcanzar un acuerdo, el carácter provisional de la información contenida en la cuarta columna, la reducción del "espacio de reflexión" y el carácter temporal de la denegación de acceso.

Respecto al argumento de que la divulgación por el Parlamento Europeo de la cuarta columna afectaría negativamente a la cooperación entre las instituciones, debe tenerse en cuenta que la relación entre el Consejo y el Parlamento se basa en una cooperación leal que, como recuerda el propio Tribunal General, es uno de los principios estructurales del ordenamiento jurídico de la UE y, con referencia específica al proceso legislativo, contribuye a la eficacia del procedimiento. En otras palabras, la fluidez del proceso depende en gran medida de la confianza mutua y de la colaboración entre los legisladores.

Las reuniones tripartitas, como ya se ha mencionado, constituyen un método que refuerza dicha cooperación, al permitir el contacto entre las instituciones legislativas (y la Comisión) desde las primeras fases del proceso.

Hay que tener en cuenta que la posición acordada por el Consejo y el Parlamento Europeo no sólo es el resultado de negociaciones que han tenido lugar entre las instituciones. En efecto, previamente se producen negociaciones en el seno del Consejo para alcanzar un texto de compromiso entre los Estados miembros, y dentro del Parlamento Europeo, en este caso para alcanzarlo entre los grupos políticos.

Si el Parlamento Europeo da acceso a la cuarta columna, haría público unilateralmente un texto – resultado de un compromiso provisional alcanzado en el seno del Consejo – susceptible de ser modificado como resultado de nuevas negociaciones, y viceversa si es el Consejo quien da acceso. Por ello, la divulgación de la cuarta columna significaría hacer público un momento concreto del proceso basado en un sistema de negociación y cooperación, y en la confianza mutua entre las instituciones, cuyas posiciones evolucionan continuamente y que a menudo adoptan la forma de un compromiso. Según este argumento, en el supuesto de que el Parlamento Europeo concediera

---

117 Ídem., apartado 82.

118 Ídem., apartado 83.

.acceso a la cuarta columna, en el Consejo se produciría una *"pérdida de confianza mutua y una reconsideración de los métodos de trabajo"*[119].

Al Tribunal General no le convenció este argumento, pues la cooperación leal es una condición necesaria para llevar a cabo eficazmente el procedimiento legislativo. De este modo, las instituciones están obligadas a colaborar y cualquier deterioro de la confianza que les incumbe constituiría un incumplimiento de ese deber[120]. Además, el Parlamento no aportó prueba alguna sobre el menoscabo a la cooperación leal, por lo que, según el Tribunal General, el riesgo alegado era meramente hipotético[121].

En cuanto al argumento de que la divulgación podía dar lugar a presiones de las autoridades nacionales y los grupos de interés sobre el equipo negociador del Parlamento Europeo, el Tribunal General, tras recordar que *"en un sistema basado en el principio de legitimidad democrática, los colegisladores deben responder de sus actos ante el público"*[122] y que *"el ejercicio por los ciudadanos de sus derechos democráticos presupone la posibilidad de seguir en detalle el proceso de toma de decisiones en el seno de las instituciones que participan en los procedimientos legislativos y de tener acceso a toda la información pertinente"*[123], concluye que el riesgo de presión externa, que puede constituir un motivo legítimo para restringir el acceso a los documentos, debe establecerse con certeza. Sin embargo, el Parlamento Europeo tampoco aportó ninguna prueba de tal presión externa en caso de divulgación.

Sobre el carácter provisional de la información, el Tribunal señaló que el art. 4.3 del Reglamento 1049/2001 no establece distinción alguna en función del estado de los debates y que la excepción prevista en esta disposición *"es indiferente que los documentos en cuestión se hayan elaborado o recibido en una fase inicial, avanzada o final del proceso de toma de decisiones"*. Es más, un solicitante de acceso a documentos de un diálogo tripartito en curso es consciente del carácter provisional de la información que contienen. De hecho, será perfectamente capaz de comprender que, conforme al principio de que «nada está acordado hasta que todo esté acordado», la información que figura en la cuarta columna puede ser modificada durante las discusiones de los diálogos tripartitos hasta que se alcance un acuerdo sobre el texto en su conjunto[124].

En lo relativo al "espacio de reflexión", las instituciones alegaron que la divulgación de la columna en cuestión no permitiría preservar dicho espacio, lo que provocaría un endurecimiento de los puntos de vista o llevar a los participantes de los "trílogos" a asumir actitudes o planteamientos más ideológicos que podrían obtener el apoyo de la opinión pública.

Haciendo referencia al asunto *Turco*, el Tribunal General recordó que la obligación de transparencia en el procedimiento legislativo implica una interpretación restrictiva de la excepción relativa al *space to think*. Si bien, se admite que el riesgo de presiones externas puede constituir un motivo para restringir el acceso a los documentos, *"es necesario, no obstante, que se determine con certeza la existencia de esas presiones exteriores y que se aporten pruebas de que el riesgo de que afecte de modo sustancial a la decisión que se ha de tomar es razonablemente previsible debido a tales presiones exteriores"*[125].

Por lo que respecta al carácter temporal de la denegación de acceso a los documentos solicitados durante procesos de negociaciones tripartitas, el Tribunal General destaca que el hecho de que estos diálogos puedan durar varios meses implica que la información se mantenga en secreto durante ese período. Según el Tribunal General, negar el acceso a los documentos basándose en este motivo produciría *de facto* los mismos efectos que una presunción general de no divulgación[126].

---

119   Ídem., apartado 87.

120   Ídem., apartado 103.

121   Ídem., apartado 65.

122   Ídem., apartado 98.

123   Ídem., apartado 98.

124   Ídem., apartado 102.

125   Ídem., apartado 99.

126   Ídem., apartado 109.

La divulgación anticipada plantea más problemas, ya que expone las posiciones de los negociadores durante el proceso y en un momento en que las negociaciones aún están en curso y los expedientes aún no se han finalizado. No obstante, solo permitiendo el acceso a los documentos en la fase de negociación se puede lograr un control más efectivo por parte del público.

El Tribunal General acabó señalando que *i)* la información contenida en la cuarta columna de los documentos en cuestión no parece ser más sensible que la información contenida en las tres primeras columnas, a las cuales se concedió acceso; y *ii)* que el Parlamento no presentó pruebas suficientes para demostrar que el posible riesgo de que las presiones externas por la divulgación de la cuarta columna afectasen sustancialmente al proceso de toma de decisiones fuese razonablemente previsible y no meramente hipotético.

Llegando al desenlace, se puede afirmar con certeza que el demandante *De Capitani*, obtuvo un veredicto favorable en prácticamente todos los aspectos de su asunto, salvo en lo relativo a la falta de discreción del Parlamento Europeo para negar el acceso a determinados documentos.

Debe destacarse que el Sr. *De Capitani* ha persistido en la defensa de su derecho de acceso y la búsqueda de transparencia en el contexto legislativo al interponer nuevamente un recurso de anulación, el cual ha sido objeto de una sentencia emitida en enero de este mismo año. En esta ocasión, el eje de la controversia se ha circunscrito en la denegación de ciertos documentos pertenecientes a los grupos de trabajo del Consejo.

Con el fin de mantener la concisión precisa y ajustar el trabajo al espacio que requiere, se aborda a continuación, de forma sucinta pero rigurosa, los aspectos relevantes de la sentencia.

En primer lugar, al contrario de lo que pretendía el Sr. *De Capitani*, el Tribunal General, no considera que el Reglamento 1049/2001 haya quedado obsoleto, básicamente porque fue adoptado sobre la base del Tratado CE y las modificaciones introducidas por el TFUE y la Carta no indican cambios sustanciales en el derecho de acceso a los documentos.

Por otro lado, curiosamente en este asunto el Consejo no cuestiona la naturaleza legislativa de los documentos intercambiados en los grupos de trabajo del Consejo en el marco de un procedimiento legislativo de una propuesta sobre la transparencia fiscal de empresas multinacionales. De esta forma, se puede inferir que las instituciones dan por hecho que los documentos elaborados por sus grupos de trabajo, y en el marco de debates entre funcionarios de las delegaciones de los Estados miembros, se integran en el normal desarrollo del proceso legislativo[127].

Así pues, sin más dilación, el Tribunal General descarta los argumentos alegados por el Consejo para justificar la aplicación del artículo 4.3 del Reglamento 1049/2001. En pocas palabras, el Consejo fracasa en demostrar, de manera concreta y efectiva, el perjuicio grave de la divulgación de los documentos a la eficacia del proceso de toma de decisiones. Tampoco proporciona pruebas tangibles de que la divulgación de los documentos perjudicaría la cooperación leal entre los Estados miembros, ni de que exista un riesgo razonablemente previsible de presiones externas que afecten sustancialmente a la decisión que se ha de tomar[128].

---

127 Sentencia del Tribunal General (Sala Décima ampliada) de 25 de enero de 2023, *Emilio De Capitani* contra Consejo de la Unión Europea, asunto T-163/21, ECLI:EU:T:2023:15, apartado 95.

128 Ídem., apartados 75 a 97.

4. Estudio de caso: acceso a los documentos de los diálogos tripartitos en poder del Parlamento Europeo

Con el fin de evaluar la aplicación práctica del marco teórico esbozado en los capítulos anteriores sobre el Reglamento 1049/2001 y su impacto en la transparencia del proceso legislativo, se aborda a continuación un estudio de caso.

Considerando que el presente trabajo se centra en el acceso a los documentos de la Unión en el marco del procedimiento legislativo y que los diálogos tripartitos constituyen actualmente una práctica fundamental para la adopción de actos legislativos, el estudio empírico analiza esencialmente el grado de transparencia de los diálogos tripartitos a través del acceso a los documentos de "cuatro columnas" solicitados al Parlamento Europeo.

Al examinar el acceso a los documentos de cuatro columnas, este trabajo pretende arrojar luz sobre el nivel de transparencia y responsabilidad en las negociaciones informales entre las instituciones de la UE. Explorará hasta qué punto las partes interesadas y los ciudadanos europeos tienen la oportunidad de acceder a la información de los diálogos tripartitos y conocer lo que las instituciones debaten durante esta etapa crucial del proceso legislativo de la UE.

Por último, el estudio de la transparencia de los diálogos tripartitos busca, además, conocer la aplicación práctica del Reglamento 1049/2001. Esto permitirá evaluar, por un lado, tanto su eficacia en el día a día, como la forma en la que las instituciones implementan sus disposiciones, y por otro, identificar los aspectos en los que el Reglamento 1049/2001 puede no resultar pragmático. Así, los resultados del presente estudio ayudarán a identificar las posibles áreas de mejora para la correcta aplicación del Reglamento 1049/2001 y los ajustes que esta norma puede necesitar para aumentar la transparencia en el procedimiento legislativo.

4.1. Conceptualización de la transparencia de diálogos tripartitos

La transparencia es un concepto polivalente que puede ser definido y conceptualizado de distintas maneras (COREMANS 2017; HEALD 2006). La mayoría de las investigaciones se centran en la disponibilidad de información para las partes interesadas externas (CUCCINIELLO et al., 2017; BRANDSMA, 2018). De esta forma, definen la transparencia como "*el grado en que los agentes externos tienen acceso a la información sobre el funcionamiento de las organizaciones públicas*" (CUCCINIELLO et al. 2017: 36). Además, la transparencia en dicho funcionamiento puede abarcar una triple distinción: la transparencia en la toma de decisiones, en el contenido de las políticas y en los resultados de las políticas (GRIMMELIKHUIJSEN et al. 2013).

La transparencia se considera en general una herramienta para fomentar el control de los ciudadanos sobre la toma de decisiones políticas (MEIJER et al., 2018; BRANDSMA, 2018). Este control se logra principalmente en dos momentos. El primero, antes de la adopción de una decisión, mediante la participación ciudadana en el proceso de toma de decisiones. El segundo, a través de la rendición de cuentas y después de la adopción de la decisión (BRANDSMA; 2018). Aunque se trata de dos mecanismos muy diferentes de fomento de la legitimidad, ambos requieren que la información sobre el proceso de toma de decisiones se ponga a disposición del público. Por ello, el acceso a los documentos facilita este requisito, permitiendo, a la vez, la participación de los ciudadanos en la vida democrática de la Unión (BOVENS, 2007; BRANDSMA, 2015; 2018).

La transparencia en el marco de los diálogos tripartitos es crucial para la legitimidad de los actos legislativos de la UE, pues es el momento donde los colegisladores, apoyados por la Comisión, toman las decisiones que requieren explicación y justificación al público para permitir a los ciudadanos la rendición de cuentas o la expresión de sus preocupaciones mientras las negociaciones siguen en curso (BRANDSMA, 2018: 7).

Para el estudio de caso, considerando que los actos legislativos se adoptan a través de la codecisión entre el Consejo y el Parlamento Europeo, se ha elegido realizar el estudio sobre el segundo. Al centrar el estudio en una sola institución, se puede obtener un análisis más exhaustivo y detallado, además, es interesante para posiblemente comparar su desempeño en términos de transparencia con estándares o *benchmarks* establecidos. De esta forma, el trabajo puede proporcionar la base para evaluar la transparencia de otras instituciones, como el Consejo, o realizar una comparativa entre ellas en estudios futuros.

Asimismo, se ha elegido al Parlamento Europeo porque es la institución elegida directamente por los ciudadanos europeos y actúa en representación de sus intereses[129]. De hecho, es la expresión máxima de la democracia representativa, y, por ende, de los principios fundamentales de la misma, incluido el de transparencia y participación pública.

En último lugar, se considera que basar el estudio de caso en el Parlamento Europeo resulta relevante y significativo para el contexto actual. En diciembre de 2022, tuvo lugar el asunto conocido como "Qatargate"[130] en el seno del Parlamento Europeo[131], actualmente bajo investigación judicial. Estos acontecimientos han supuesto un revulsivo para las instituciones europeas y han evidenciado la necesidad de reforzar la transparencia del Parlamento Europeo.

Asimismo, la Comisión Europea ha presentado el pasado 8 de junio de 2023 el "cuerpo ético interinstitucional", formado por representantes de las diferentes instituciones de la UE y que tendrá como cometido unificar los estándares éticos de transparencia y buenas prácticas de las instituciones. Previamente, el pasado 3 de mayo de 2023, la Comisión Europea propuso una nueva directiva[132] contra la corrupción y una comunicación conjunta entre la Comisión y el Alto Representante. Uno de los objetivos declarados de la propuesta de Directiva es velar por que el sector público rinda cuentas con arreglo a los más altos niveles de exigencia, imponiendo también a los Estados miembros la obligación de adoptar normas eficaces sobre el acceso abierto a la información de interés público.

En consecuencia, el presente estudio contribuye al debate actual sobre la transparencia y rendición de cuentas en uno de los ámbitos más importantes, el acceso a la información en el proceso de toma de decisiones.

4.2. Datos y metodología

Antes de cuantificar y evaluar la transparencia de los trílogos, primero se identifican los objetos sobre los que se busca la transparencia, lógicamente, son los documentos de los diálogos tripartitos. En concreto, los que contienen los cuadros en cuatro columnas con las posiciones de negociación iniciales de la Comisión, el Consejo y el Parlamento, los compromisos alcanzados provisionalmente y comentarios sobre el avance de las negociaciones.

Para ello, además de explicar las dimensiones de la transparencia en materia de acceso a documentos legislativos, pretendo introducir, con la ayuda de la literatura académica, los elementos que establece la normativa europea para garantizar el derecho de acceso a los documentos y la transparencia de los documentos legislativos, y así extraer los indicadores que la miden.

Conviene señalar que abarcar plenamente los determinantes de la transparencia de trílogos sigue siendo una tarea relativamente difícil. No obstante, varios autores han identificado una amplia gama de características distintas de la transparencia de diálogos tripartitos, y por lo general, existen coincidencias en varias dimensiones. Este trabajo agrupa en cinco grandes categorías los determinantes de la transparencia de los diálogos tripartitos.

Estas categorías incluyen, por un lado, los componentes de transparencia que abordan diferentes autores y estudios (CURTIN & LEINO, 2017; BRANSMA, 2018; MARTINEZ, 2018). Por otro lado, dado que el objeto de estudio para analizar la transparencia de los diálogos tripartitos son los documentos de cuatro columnas en poder del Parlamento Europeo, los elementos clave que integran las cinco dimensiones de dicha transparencia se determinan fundamentalmente por las exigencias que deben reunir las instituciones en materia de acceso a documentos establecidas en los Tratados de la Unión (TUE y TFUE), el Reglamento 1049/2001, el Acuerdo interinstitucional entre el

---

129   Artículo 10, apartado 2 del TUE: "*Los ciudadanos estarán directamente representados en la Unión a través del Parlamento Europeo*".

130   El País (2022). "Las claves de 'Qatargate', el escándalo de sobornos que ha sacudido el Parlamento Europeo". Disponible en: https://elpais.com/internacional/2022-12-13/las-claves-de-qatargate-el-escandalo-de-sobornos-que-ha-sacudido-el-parlamento-europeo.html

131   Parlamento Europeo (2022). "Escándalo de corrupción: los eurodiputados plantean cambios para mejorar la transparencia". Disponible en: https://www.europarl.europa.eu/news/es/press-room/20221212IPR64541/escandalo-de-corrupcion-eurodiputados-plantean-cambios-para-mas-transparencia

132   Comunicado de prensa de la Comisión Europea de 3 de mayo de 2023 en: https://ec.europa.eu/commission/presscorner/detail/es/ip_23_2516

Parlamento Europeo, el Consejo de la Unión Europea y la Comisión Europea sobre la mejora de la legislación[133], el Reglamento interno del Parlamento Europeo de la 9ª legislatura[134] y las decisiones y recomendaciones elaboradas en este ámbito por la Defensora del Pueblo Europeo[135].

En consecuencia, la variable dependiente del análisis es la transparencia de los diálogos tripartitos, respecto al acceso a los documentos de cuatro columnas en poder del Parlamento Europeo. Para operacionalizar dicha transparencia, he elaborado un índice que se compone de los indicadores de transparencia extraídos y los he clasificado en cinco dimensiones, tal y como se ilustra en la siguiente tabla.

Tabla 1: Dimensiones e indicadores para medir la transparencia de los diálogos tripartitos

Dimensiones de la transparencia de los diálogos tripartitos	Indicadores
Disponibilidad de acceso a los documentos de diálogos tripartitos	Agenda de los diálogos tripartitos Actualización regular de los documentos en el registro Inclusión del texto final acordado en todos los documentos Registro y herramientas de búsqueda de fácil uso
Tiempo de respuesta a las solicitudes de acceso	Tiempo promedio de respuesta a las solicitudes de acceso Información sobre el plazo de respuesta previsto
Respuestas a las solicitudes de acceso	Porcentaje de respuestas positivas de acceso Motivación de la denegación de acceso Información adicional sobre los documentos solicitados Información sobre la solicitud confirmatoria Información sobre recursos y mecanismos en caso de denegación
Recopilación y publicación de datos sobre solicitudes de acceso	Publicación de informes anuales actualizados Desglose e información de las solicitudes por tipo de documento Información detallada sobre las solicitudes de documentos de trílogos
Procedimientos judiciales e investigaciones abiertos	Procedimientos judiciales abiertos contra decisiones del PE Investigaciones abiertas de la Defensora del Pueblo Europeo

Fuente: elaboración propia

---

133 Acuerdo interinstitucional entre el Parlamento Europeo, el Consejo de la Unión Europea y la Comisión Europea sobre la mejora de la legislación (*DO L 123 de 12.5.2016, p. 1/14*).

134 Disponible en: https://www.europarl.europa.eu/doceo/document/RULES-9-2023-05-08-TOC_ES.html

135 Defensora del Pueblo Europeo (2021).*Report of the European Ombudsman conference - Access to EU documents: what next?*, en Bruselas, 29 noviembre 2021, Disponible en: https://www.ombudsman.europa.eu/es/event-document/en/149745 ; *Annual report 2021 on access to documents requests under Regulation 1049/2001*, 13 de enero de 2023. Disponible en: https://www.ombudsman.europa.eu/es/document/en/164817 ; *Decisión de la Defensora del Pueblo Europeo en la que presenta propuestas tras su investigación estratégica OI/8/2015/JAS sobre la transparencia de los trílogos*. Disponible en: https://www.ombudsman.europa.eu/en/decision/en/69206

La primera dimensión que garantiza la transparencia de los trílogos es que los documentos de cuatro columnas estén disponibles en el registro. Para ello, tal y como exige el Reglamento 1049/2001, es crucial que las instituciones pongan a disposición del público un registro de documentos. En el caso del Parlamento Europeo, su Reglamento interno también se lo exige[136]. De hecho, dispone expresamente que los documentos legislativos deben ser "directamente accesibles", por medio del sitio web del registro público del Parlamento.

Por otro lado, se ha considerado esencial para garantizar la transparencia de los trílogos, que existan una serie de requisitos en relación con la publicación de la agenda de trílogos, la actualización de los documentos de cuatro columnas en el registro (incluyendo toda información de su contenido) y el nivel de accesibilidad, es decir, la existencia de herramientas que faciliten su búsqueda y localización.

Se ha incluido como indicador la publicación de la agenda de los trílogos puesto que un aspecto clave de la transparencia legislativa es saber cuándo tienen lugar los debates.

La segunda dimensión de la transparencia de las negociaciones legislativas informales está relacionada con el tiempo de respuesta a las solicitudes de acceso a los documentos de cuatro columnas. El Reglamento 1049/2001 concede a las instituciones un plazo de 15 días laborables para responder a las solicitudes.

De esta forma, los elementos elegidos que garantizan esta dimensión son: *i)* el tiempo de respuesta a las solicitudes; y *ii)* la información al solicitante sobre el plazo de respuesta.

Las respuestas a las solicitudes de acceso a los documentos de cuatro columnas también pueden indicar el grado de transparencia de los trílogos.

El Reglamento 1049/2001 exige que en caso de denegar el acceso, las instituciones deben exponer los motivos de la denegación total o parcial e informar al solicitante de su derecho de presentar una solicitud confirmatoria. En caso de denegación de acceso después de presentada la solicitud confirmatoria, la institución debe volver a motivar la denegación e informar al solicitante de los recursos de que dispone contra dicha decisión, a saber, el recurso de anulación o la reclamación ante la Defensora del Pueblo Europeo (arts. 7 y 8).

Además, según el Reglamento 1049/2001 (art. 6.2), si una solicitud no es lo suficientemente precisa, la institución tiene que pedir al solicitante que aclare la solicitud, y le debe ayudar a hacerlo, por ejemplo, facilitando información sobre el uso de los registros públicos de documentos.

En este sentido, los indicadores que pueden medir esta dimensión son varios. En primer lugar, la denegación o entrega de los documentos solicitados. En caso de denegación, se debe tener en cuenta la suficiencia y solidez de los motivos alegados por la institución que justifican la denegación. Además, se debe valorar si la institución informa sobre el derecho del solicitante a presentar una solicitud confirmatoria, si facilita información sobre la disponibilidad de documentos o información adicionales relacionados con la solicitud, y si informa al solicitante de los recursos de que dispone contra dicha decisión.

La penúltima dimensión se refiere a la información recopilada por el PE sobre las solicitudes de acceso a documentos de cuatro columnas recibidas por dicha institución. El artículo 17 del Reglamento 1049/2001 obliga a las instituciones a publicar anualmente un informe relativo al año precedente en el que figure el número de casos en los que la institución denegó el acceso a los documentos, las razones de esas denegaciones y el número de documentos sensibles no incluidos en el registro. Asimismo, de conformidad con el artículo 122. 6 del Reglamento interno del Parlamento, *"la Mesa adoptará el informe anual a que se refiere el artículo 17.1 del Reglamento 1049/2001".*

Así pues, los indicadores que miden esta dimensión son la publicación periódica de informes anuales actualizados sobre las solicitudes recibidas (número de solicitudes y de denegaciones de acceso), que dichos informes incluyan las razones de esas denegaciones, el número de documentos sensibles no incluidos en el registro y estadísticas y análisis sobre las solicitudes y denegaciones. Además, en relación con la transparencia de trílogos, que exista un desglose de las solicitudes por tipo de documento, en el que se contemplen los documentos de cuatro columnas.

Finalmente, la quinta dimensión se refiere a los procedimientos judiciales e investigaciones abiertos.

---

136   Art. 122.3 del Reglamento interno del Parlamento Europeo, 9.a legislatura, julio de 2019, (DO L 302 de 22.11.2019).

La existencia de recursos o reclamaciones interpuestos contra una decisión denegatoria de acceso a documentos de una institución puede plantear dudas sobre la transparencia de la misma y la correcta aplicación de la normativa sobre acceso a documentos. Asimismo, los procedimientos judiciales son lentos y costosos, por lo que se obstaculiza la capacidad del solicitante para obtener los documentos que solicitó.

4.3. Operacionalización de la transparencia de los diálogos tripartitos

Para comprobar el grado de transparencia del PE en el ámbito de las negociaciones informales tripartitas operacionalizo la transparencia de los diálogos tripartitos. Esta operacionalización se basa en la definición en hechos medibles del concepto de transparencia en el marco de negociaciones informales. Para ello, separo las dimensiones de transparencia que se han explicado en los epígrafes anteriores en cinco categorías y realizo un cuestionario con preguntas que contienen los indicadores de cada una de las dimensiones de la transparencia de los diálogos tripartitos. A partir del cuestionario, elaboro un índice en el que se ponderan entre sí los distintos indicadores, con el fin de obtener una única expresión del grado de transparencia. Por otro lado, dada la discrecionalidad que la normativa atribuye a algunos elementos de la transparencia, como la publicación proactiva de los documentos, se establecen los estándares máximo y mínimo de algunas dimensiones en relación a las recomendaciones de la Defensora del Pueblo Europeo sobre el acceso a los documentos de cuatro columnas.

Con el fin de aprovechar el trabajo ya realizado en este campo, utilizo a BRANDSMA (2018) GILARDI (2002, 2005) y a JOHANSSENN (2003) como punto de partida en mi operacionalización. En este trabajo mantengo las estructuras de variables clave y subvariables de los estudios de GILARDI (2002, 2005) y de JOHANSSENN (2003), pero lo aplico al ámbito de transparencia de los diálogos tripartitos basándome en ROSSI & E SILVA (2017), CURTIN & LEINO (2017), BRANDSMA (2018), MARTINES (2018) y ROSSI (2022).

El resultado es un índice que mide cinco variables clave: A) Disponibilidad de acceso a los documentos de diálogos tripartitos; B) Tiempo de respuesta a las solicitudes de acceso; C) Respuestas a las solicitudes de acceso; D) Recopilación y publicación de datos sobre solicitudes de acceso; y E) Procedimientos judiciales e investigaciones abiertas.

Cada una está a su vez compuesta por varias subvariables. Cada subvariable tiene de 2 a 6 respuestas posibles y cada respuesta se ha codificado con un número entre 0 y 1, siendo 1 la más transparente y 0 la menos transparente. Cada subvariable cuenta 1/16 y están formuladas como preguntas en un cuestionario. En total hay 16 preguntas.

Así pues, el cuestionario es el siguiente:

A) Disponibilidad de acceso a los documentos de diálogos tripartitos

1. ¿El Parlamento Europeo publica la agenda y/o calendario de los diálogos tripartitos, concluidos, en curso y futuros?

   a) Sí, el PE publica regularmente la agenda y/o calendario de todos los diálogos tripartitos (1.00 puntos).

   b) No, el PE no publica la agenda y/o calendario de los diálogos tripartitos (0.00 puntos).

2. ¿Los documentos sobre diálogos tripartitos se actualizan regularmente en el registro del Parlamento Europeo?

   a) Sí, los documentos se actualizan con frecuencia (1.00 puntos).

   b) Sí, pero la actualización de los documentos no es inmediata y/o no hay forma de verificar que esté actualizada por la falta de información sobre el calendario de los trílogos (0.50 puntos).

   c) No, los documentos rara vez se actualizan (0.00 puntos).

3. ¿Los documentos de los trílogos disponibles en el registro del Parlamento Europeo reflejan toda la información, incluido el texto final acordado en los diálogos tripartitos?

   a) Sí, todos los documentos disponibles en el registro contienen toda la información de diálogos tripartitos, incluido el texto compromiso (1.00 puntos).

   b) No, algunos documentos de los trílogos no incluyen el contenido de la cuarta columna (el texto compromiso) (0.50 puntos).

c) La mayoría de los documentos no están completos, y en ningún caso, incluyen el texto final acordado (0.00 puntos).

4. ¿Resulta fácil buscar y encontrar documentos sobre diálogos tripartitos en el registro del Parlamento Europeo?

a) Resulta muy fácil, el registro proporciona una interfaz intuitiva y herramientas de búsqueda avanzadas (1.00 puntos).

b) Resulta moderadamente fácil, el registro ofrece opciones de búsqueda básicas, pero la navegación puede ser mejorable (0.75 puntos).

c) Resulta difícil, el registro carece de una funcionalidad de búsqueda efectiva y la navegación es complicada (0.50 puntos).

d) No existe un registro o no se proporciona información sobre su facilidad de uso (0.00 puntos).

B) Tiempo de respuesta a las solicitudes de acceso

5. ¿Cuánto tiempo tarda el Parlamento Europeo en responder a las solicitudes de acceso a documentos de los diálogos tripartitos?

a) Menos de 15 días (1.00 puntos).

b) Entre 15 y 30 días (0.75 puntos).

c) Más de 30 días (0.50 puntos).

d) No responde (ausencia de respuesta) (0.00 puntos).

6. ¿El Parlamento proporciona información sobre el plazo de respuesta para las solicitudes de acceso a documentos?

a) Sí, se proporciona información detallada (1.00 puntos).

b) No se proporciona información sobre los plazos de respuesta (0.00 puntos).

C) Respuestas a las solicitudes de acceso

7. ¿Cuál es el porcentaje de respuestas positivas de acceso a documentos de diálogos tripartitos del PE el último año?

a) Más del 90% de los casos. (1.00 puntos).

b) Entre el 90% y 70% de los casos (0.50 puntos).

c) Menos del 70% de los casos (0.00 puntos).

8. ¿El Parlamento Europeo expone los motivos de la denegación total o parcial del acceso a los documentos solicitados?

a) Sí, la motivación es suficiente y cumple las expectativas (1.00 puntos).

b) Sí, pero la motivación es vaga o insuficiente (0.50 puntos).

c) No se proporciona justificación en caso de denegación y/o ausencia de respuesta (0.00 puntos).

9. ¿El Parlamento Europeo facilita orientación a los solicitantes en la presentación de solicitudes de acceso a documentos y les ayuda a aclarar la solicitud facilitando información sobre el uso de los registros públicos de documentos?

a) Sí, facilita orientación sobre la aclaración de la solicitud y/o proporciona información para satisfacer en la mayor medida la solicitud (1.00 puntos).

b) No se ofrece orientación ni asistencia a los solicitantes (0.00 puntos).

10. ¿El Parlamento Europeo informa al solicitante de su derecho a presentar una solicitud confirmatoria en caso de denegación de acceso a documentos?

a) Sí, el PE informa sobre la posibilidad de presentar una solicitud confirmatoria (1.00 puntos).

b) No, el PE no proporciona información sobre su derecho a presentar una solicitud confirmatoria (0.00 puntos).

11. ¿El Parlamento Europeo informa al solicitante de los recursos de los que dispone contra la denegación de una solicitud de acceso a documentos?

a) Sí, el Parlamento Europeo informa sobre el recurso judicial y la reclamación ante la Defensora del Pueblo Europeo (1.00 puntos).

b) No, no se informa sobre los recursos contra la denegación de acceso a documentos (0.00 puntos).

D) Recopilación y publicación de datos sobre solicitudes de acceso

12. ¿El Parlamento Europeo publica anualmente informes sobre el acceso del público a los documentos?

a) Sí, se publican informes anuales con prontitud (antes de verano del año siguiente) (1.00 puntos).

b) Sí, pero todavía no se ha publicado el informe del último año (0.50 puntos).

c) No se publican informes sobre el acceso del público a los documentos (0.00 puntos).

13. ¿Los informes del Parlamento Europeo proporcionan desgloses de los tipos de documentos a los que se solicita acceso?

a) Sí, el informe distingue entre documentos legislativos y administrativos, y proporciona un desglose de cada uno, especificando los tipos o categorías de documentos legislativos e incluyendo los documentos de cuatro columnas (1.00 puntos).

b) Sí, pero el informe sólo distingue entre documentos legislativos y administrativos, sin hacer referencia a los documentos de cuatro columnas. (0.50 puntos).

c) No, el informe no distingue de entre los documentos solicitados (0.00 puntos).

14. ¿El Parlamento Europeo publica en el informe el número y/o porcentaje de respuestas positivas y negativas respecto a solicitudes de acceso a documentos de diálogos tripartitos y las razones de esas respuestas negativas?

a) Sí, el informe es muy completo y viene detallado tanto el número y/o porcentaje de solicitudes, así como el número/porcentaje de respuestas positivas y negativas y los motivos de estas últimas (1.00 puntos).

b) Sí, pero no incluye los motivos de las denegaciones de acceso (0.75 puntos).

c) Sólo incluye el número y/o porcentaje de solicitudes de acceso (0.50 puntos).

d) No, el informe a penas proporciona información sobre el acceso a los documentos de los diálogos tripartitos (0.00 puntos).

E) Procedimientos judiciales e investigaciones abiertos

15. ¿Existen procedimientos judiciales abiertos contra decisiones del Parlamento Europeo que deniegan el acceso a documentos de diálogos tripartitos?

a) Sí, hay procedimientos judiciales abiertos para resolver recursos judiciales contra decisiones denegatorias del PE (1.00 puntos).

b) No, no hay procedimientos judiciales abiertos contra decisiones denegatorias del PE (0.00 puntos).

16. ¿Existen investigaciones abiertas de la Defensora del Pueblo Europeo contra el PE en materia de acceso a documentos de trílogos?

a) Sí, existen investigaciones abiertas de la Defensora del Pueblo Europeo (1.00 puntos).

b) No, no existen investigaciones abiertas de la Defensora del Pueblo Europeo (0.00 puntos).

El último paso para comprobar la hipótesis que se ha venido sosteniendo sobre el grado de transparencia de los trílogos y la aplicación del Reglamento 1049/2001, es responder a cada una de las preguntas que aparecen en el cuestionario.

Para ello, hay que acudir a varias fuentes dependiendo de la dimensión en la que se encuentre la pregunta. Respecto a las preguntas de la dimensión A) Disponibilidad de acceso a los documentos de cuatro columnas, acudo al Registro de documentos del Parlamento Europeo[137] y lo examino atendiendo a las preguntas sobre el mismo.

Para responder a las preguntas de las demás dimensiones, por un lado, solicito acceso a documentos de cuatro columnas y, por otro, acudo a la página del PE y busco el repositorio de los informes sobre el acceso a los documentos.

Así pues, el primer paso consiste en buscar y/o acceder a los documentos de cuatro columnas, emanados de las últimas reuniones informales tripartitas celebradas en el marco de un proceso legislativo que aún no ha acabado. No obstante, inicialmente no tenía conocimiento de los últimos trílogos, tampoco de las referencias de los documentos de cuatro columnas, ni, en fin, si se podía acceder a dicha información a través del registro[138].

Por ello, envío un mensaje mediante el formulario en línea del PE[139], solicitando específicamente el acceso al documento que contiene la agenda de los trílogos celebrados en los últimos meses.

Conviene recordar que el objeto del derecho de acceso son los documentos y que las instituciones, en principio, no están obligadas a crear un nuevo documento con la información a la que pide acceso el solicitante (aunque en el contexto digital el TJUE haya declarado que sí[140]). De ahí, que se solicitara el acceso al documento que contiene la agenda de los trílogos, no a la agenda en sí.

La respuesta recibida no facilita el documento solicitado por el motivo siguiente:

Estimada Sra. García

Con respecto a su solicitud relativa a un calendario de diálogos tripartitos, le informamos de que el Parlamento no dispone de dicho calendario. Tenga en cuenta que los diálogos tripartitos son organizados por cada comisión de acuerdo con sus propias prácticas y que sólo podemos tratar solicitudes de documentos preexistentes, pero no documentos que tendrían que ser creados en primer lugar sobre la base de una recopilación de información e investigación.

Adicionalmente, la unidad de transparencia del PE facilita un enlace para acceder al registro de documentos de cuatro columnas relacionados con los trílogos celebrados:

Si desea recibir más información sobre los diálogos tripartitos, puede presentar una solicitud aquí[141].

Si desea tener acceso a los documentos de los diálogos tripartitos, puede consultar el Registro Público del Parlamento aquí.

Con esta respuesta, el Parlamento considera tramitada su solicitud y cerrado el expediente. No dude en ponerse en contacto con nosotros si desea solicitar el acceso a otros documentos específicos del Parlamento.

Reciba un cordial saludo,

---

137 El Registro Público de documentos del Parlamento Europeo se encuentra disponible en: https://www.europarl.europa.eu/RegistreWeb/home/welcome.htm?language=es

138 Los ciudadanos pueden seguir el ciclo de vida de una propuesta legislativa de la UE a través de distintos sitios web públicos, pero estos sitios web no incluyen información exhaustiva sobre las negociaciones informales tripartitas, en particular sobre los trílogos en curso y los próximos. El Parlamento y la Comisión reconocieron en sus respuestas a una investigación de la Defensora del Pueblo Europeo que los diálogos tripartitos no se anuncian públicamente de forma sistemática. El Parlamento también destacó los esfuerzos que está realizando para proporcionar más información (Decisión de la Defensora del Pueblo Europeo en la que presenta propuestas tras su investigación estratégica OI/8/2015/JAS sobre la transparencia de los trílogos).

139 El formulario de solicitud de documentos se encuentra disponible en: https://www.europarl.europa.eu/RegistreWeb/requestdoc/secured/form.htm?language=ES

140 Sentencia del Tribunal General (Sala Primera) de 27 de noviembre de 2019, *Luisa Izquiza y Arne Semsrott* contra Agencia Europea de la Guardia de Fronteras y Costas, Asunto T-31/18, ECLI:EU:T:2019:815. Recuérdese en este caso que la información existía en un formato digital y que podía ser accedida y recopilada utilizando las herramientas de búsqueda disponibles, lo que permitió al Tribunal General aplicar la jurisprudencia del caso *Typke* que considera documento existente "*toda* [...] *información que pueda extraerse de una base de datos electrónica en su uso actual utilizando herramientas de búsqueda preprogramadas* [...] *aunque esta información no se haya visualizado todavía de esta forma o no haya sido objeto de una búsqueda por parte de los funcionarios de las instituciones*".

141 Este enlace se trata de la página del formulario de contacto del PE para que los particulares formulen preguntas.

El segundo enlace proporcionado sí ha sido de utilidad, pues el mismo dirige a la búsqueda avanzada del registro de documentos del PE, en concreto, de los documentos elaborados en el marco de negociaciones interinstitucionales informales. De esta forma, ya se puede conocer la referencia de algunos[142] documentos de cuatro columnas.

Para continuar, exploro el registro, con el objetivo de identificar los últimos diálogos tripartitos (publicados) que han tenido lugar en el marco de un proceso legislativo no finalizado. De estos trílogos, extraigo las referencias de los documentos de cuatro columnas que emanan de las reuniones. En particular, se seleccionan los documentos en los que el texto de compromiso, que figura en la cuarta columna, está ausente o no se incluye.

Una vez identificados estos documentos específicos, formulo otra petición al PE, solicitando específicamente el acceso a la totalidad de la información contenida en dichos documentos, incluido el contenido de la cuarta columna que pueda haber sido excluido de versiones anteriores. En concreto se solicita el acceso a los siguientes documentos:

Tabla 2: Documentos solicitados

COMISIONES PARLAMENTARIAS	PROCEDIMIENTO LEGISLATIVO	IDENTIFICADOR DEL DOCUMENTO	SOLICITUD DE ACCESO	FECHA DEL DOCUMENTO
Committee on the Environment, Public Health and Consumer Policy	Proposal for a REGULATION OF THE EUROPEAN PARLIAMENT AND OF THE COUNCIL on fluorinated greenhouse gases, amending Directive (EU) 2019/1937 and repealing Regulation (EU) No 517/2014 (Text with EEA relevance) 2022/0099(COD)	NEGO_CT(2022)0099	Cuarta columna del cuadro del documento	21/04/2023
Committee on Civil Liberties, Justice and Home Affairs	Proposal for a regulation of the European Parliament and of the Council introducing a screening of third country nationals at the external borders and amending Regulations (EC) No 767/2008, (EU) 2017/2226, (EU) 2018/1240 and (EU) 2019/817 (COM(2020)0612 – C9-0307/2020 – 2020/0278(COD))	NEGO_CT(2020)0278	Cuarta columna del cuadro del documento	25/04/2023
Committee on Legal Affairs and the Internal Market	Proposal for a DIRECTIVE OF THE EUROPEAN PARLIAMENT AND OF THE COUNCIL on the protection of the environment through criminal law and replacing Directive 2008/99/EC 2021/0422(COD)	NEGO_CT(2021)0422	Cuarta columna del cuadro del documento	18/04/2023

---

142   Se hace referencia a "algunos" y no "todos" habida cuenta de que las instituciones han reconocido que determinados trílogos no se hacen públicos, de modo que como es probable que no estén registrados todos, se utiliza "algunos" por prudencia.

Committee on Citizens' Freedoms and Rights, Justice and Home Affairs	Amended proposal for a Regulation establishing a common procedure for international protection in the Union and repealing Directive 2013/32/EU2018/0248 (COD) (APR)	NEGO_ CT(2016)0224 (2016/0224(COD))	El contenido de la agenda de trílogos.	18/04/2023
Committee on Industry, External Trade, Research and Energy	Proposal for a REGULATION OF THE EUROPEAN PARLIAMENT AND OF THE COUNCIL on harmonised rules on fair access to and use of data (Data Act) (Text with EEA relevance) 2022/0047(COD) [Version for Trilogue on 29 March, 2023] 29-03-2023 at 10h26	NEGO_ CT(2022)0047	Cuarta columna del cuadro del documento	29/03/2023
Committee on Economic and Monetary Affairs	Proposal for a directive of the of the European Parliament and of the Council amending certain Directives as regards the establishment and functioning of the European single access point (COM(2021)0724 – C9-0437/2021 – 2021/0379(COD))	NEGO_ CT(2021)0379	Cuarta columna del cuadro del documento	08/06/2023

Por otro lado, para responder al resto de las preguntas acudo a los informes anuales de los últimos años publicados por el Parlamento Europeo y a las investigaciones y/o decisiones recientes de la Defensora del Pueblo Europeo.

Amerita especial atención el papel de la Defensora del Pueblo Europeo en el ámbito del acceso a los documentos, en particular, en lo que respecta a la transparencia de los diálogos tripartitos. La Defensora del Pueblo Europeo, como guardiana de la buena administración en la UE, ha desempeñado un rol esencial en la tramitación de reclamaciones y quejas, la realización de investigaciones y la formulación de recomendaciones relacionadas con el acceso a los documentos y la transparencia de las discusiones tripartitas de las instituciones de la UE.

Con una multitud de decisiones, investigaciones, encuestas y recomendaciones en este campo, el trabajo de la Defensora del Pueblo Europeo puede facilitar conocimientos muy valiosos. Por ello, se utiliza en este estudio el extenso trabajo de la Defensora para responder algunas de las preguntas del cuestionario y/o respaldar –o contrastar– las respuestas.

Así pues, basando el estudio en las conclusiones y recomendaciones de la Defensora, se pretende enriquecer el análisis y proporcionar una base sólida para evaluar el grado de transparencia en los diálogos tripartitos y la accesibilidad de los documentos de cuatro columnas.

4.4. Resultados y discusión

La tabla 3 muestra los indicadores relativos a cada una de las dimensiones de la transparencia de trílogos. En la columna de la derecha aparecen las puntuaciones obtenidas por el PE en cada una de las preguntas del cuestionario. Abajo a la derecha se muestra el resultado: 10 sobre 16. Ahora bien, esta puntuación no es rotunda porque es necesario matizar algunos indicadores.

Tabla 3: Transparencia de los diálogos tripartitos en el caso del Parlamento Europeo

Dimensiones de la transparencia de los diálogos tripartitos	Indicadores	Puntuación obtenida por el PE
Disponibilidad de acceso a los documentos de diálogos tripartitos	Agenda de los diálogos tripartitos	0
	Actualización regular en el registro	0.5
	Inclusión del texto final acordado en todos los documentos	0.5
	Registro y herramientas de búsqueda de fácil uso	0.75
Tiempo de respuesta a las solicitudes de acceso	Tiempo de respuesta a las solicitudes de acceso	0.75
	Información sobre el plazo de respuesta previsto	1
Respuestas a las solicitudes de acceso	Número/porcentaje de respuestas positivas de acceso	1
	Motivación de la denegación de acceso	0.5
	Información sobre la solicitud confirmatoria	0.5
	Información adicional sobre los documentos solicitados	1
	Información sobre recursos y mecanismos en caso de denegación	0
Recopilación y publicación de datos sobre solicitudes de acceso	Publicación de informes anuales actualizados	1
	Desglose e información de las solicitudes por tipo de documento	1
	Información detallada sobre las solicitudes de documentos de trílogos	0.5
Procedimientos judiciales e investigaciones abiertos	Procedimientos judiciales abiertos contra decisiones del PE	1
	Investigaciones abiertas de la Defensora del Pueblo Europeo	0
		RESULTADO: 10/16

Fuente: elaboración propia

En la primera dimensión el PE tiene una puntuación aceptable. Por un lado, el PE no publica la agenda y/o calendario de los diálogos tripartitos. Por otro lado, parece que los documentos sobre los trílogos están algo actualizados (el último publicado en el registro hasta la fecha es del 8 de junio de 2023, es decir, hace un mes). Esto sugiere que la actualización de los documentos en el registro no es inmediata, pero, aun así, no hay forma de verificar que esté actualizada por la falta de información sobre el calendario de los trílogos.

En cuanto a la facilidad para buscar y encontrar documentos de los diálogos tripartitos en el registro, el PE no ha obtenido la puntuación más alta porque, si bien el registro ofrece opciones de búsqueda avanzada, la interfaz podría ser mejorable, por ejemplo, siendo más intuitiva y comprensible.

Algunos autores han señalado que es difícil averiguar qué documentos existen, ya que su accesibilidad es escasa y solo se facilita el acceso previa solicitud una vez cerrado el proceso legislativo (BRANDSMA & BLOM-HANSEN 2016; CURTIN & LEINO 2017).

Además, según una investigación de la Defensora del Pueblo Europeo[143], existe una falta de información centralizada sobre las reuniones tripartitas. En efecto, la información pública disponible sobre los trílogos suele estar dispersa en diferentes bases de datos y sitios web, lo que dificulta el acceso de los ciudadanos a toda la documentación

---

143 Defensora del Pueblo Europeo (2016). *Decisión en la que presenta propuestas tras su investigación estratégica OI/8/2015/JAS sobre la transparencia de los triálogos*, de 12 julio 2016. Disponible en: https://www.ombudsman.europa.eu/es/decision/es/69206

relevante en un solo lugar. Esta falta de información centralizada desalienta la participación ciudadana y merma sus derechos democráticos.

Por último, la Defensora también señala que los trílogos no se anuncian públicamente de forma periódica y sistemática, y aunque las instituciones elaboran los órdenes del día de cada negociación informal, no siempre se ponen a disposición del público. Así pues, la falta de un calendario de trílogos y de los resúmenes de cada diálogo tripartito no permite a los ciudadanos seguir el progreso del procedimiento legislativo, y, por ende, menoscaba la transparencia que el Reglamento 1049/2001 pretende reforzar.

Sobre la segunda dimensión, la relativa al tiempo que tarda el PE en responder a las solicitudes de acceso, se han identificado varias cuestiones sobre la transparencia que merecen ser discutidas[144].

Aunque el PE informa adecuadamente sobre el plazo de respuesta previsto, éste no ha respondido, hasta la fecha, a la solicitud de acceso a los documentos en cuestión. Esta circunstancia es problemática para el presente estudio, pues no se puede comprobar cuántos días dedica el PE a responder a las solicitudes.

En cualquier caso, la ausencia de respuesta en el plazo establecido se considera una respuesta denegatoria (art. 8.3 del Reglamento 1049/2001). No responder a una solicitud de acceso, especialmente cuando existe una disposición que obliga a responder en el plazo de 15 días –que incluso permite la ampliación de dicho plazo en otros 15– puede considerarse incorrecto por varias razones.

Cuando un particular solicita un documento, espera que la institución cumpla sus expectativas y responda en un tiempo apropiado, ya sea concediendo el acceso a los documentos solicitados o, denegándolo y aportando los motivos por los cuales no se ha concedido el acceso total o parcial. Al no facilitar una respuesta, el PE no sólo incumple el plazo de respuesta, sino también su obligación de motivación. El solicitante, cuya solicitud ha sido denegada por ausencia de respuesta, queda desatendido por la privación de una explicación clara sobre las razones de la denegación, lo que incluso puede llegar a entorpecer su capacidad para impugnar dicha decisión.

Por otro lado, para comprobar que esta circunstancia no se trata de caso aislado se ha investigado si ocurre en otras ocasiones.

Para ello, se ha recurrido a los informes anuales sobre acceso a documentos del Parlamento Europeo, pero éstos no incluyen información específica sobre el tiempo promedio de tramitación de las solicitudes iniciales o confirmatorias. No obstante, una encuesta llevada a cabo en 2021 por la Defensora del Pueblo Europeo[145] demuestra que el plazo límite de respuesta se extiende en general y, en ocasiones, las instituciones han tardado meses e incluso años en dar una respuesta y/o acceso a los documentos solicitados. Pero para entonces, los documentos pueden no ser ya de interés para los solicitantes[146].

De lo antedicho resulta que el Parlamento Europeo podría adoptar mejores prácticas en lo que se refiere al cumplimiento de los plazos establecidos por el Reglamento 1049/2001, para así garantizar una mayor transparencia en el marco de diálogos tripartitos y el derecho de acceso a documentos.

Conviene mencionar que el PE explica en el informe anual de 2022 de acceso a documentos[147] que los documentos de los diálogos tripartitos, en particular los cuadros de varias columnas, pueden ser muy extensos y abarcar a veces cientos de páginas, por lo que evaluar a fondo estos documentos puede llevar mucho tiempo. Además, el PE recuerda que el Reglamento 1049/2001 permite ampliar los plazos para responder a las solicitudes cuando recibe un gran número de solicitudes para diversos procedimientos legislativos en un breve período de tiempo.

---

144 Defensora del Pueblo Europeo (2016). *Decisión en la que presenta propuestas tras su investigación estratégica OI/8/2015/JAS sobre la transparencia de los triálogos*, de 12 julio 2016. Disponible en: https://www.ombudsman.europa.eu/es/decision/es/69206

145 En septiembre de 2021, el Defensor del Pueblo Europeo invitó a 89 partes interesadas (periodistas, académicos, juristas y antiguos demandantes) a participar en una encuesta ad hoc sobre sus experiencias en relación con la aplicación por las instituciones de las normas de acceso público a los documentos. Los resultados de la encuesta están disponibles en: https://www.ombudsman.europa.eu/pdf/en/149496

146 Según los resultados de la encuesta, el tiempo medio de tramitación de las solicitudes iniciales del Consejo fue de 17 días laborales en 2020, el mismo que en 2019, y la media para tramitar las solicitudes confirmatorias fue de 34 días laborales, por debajo de los 37 de 2019. Los informes del Parlamento Europeo y de la Comisión no incluyen información específica sobre el tiempo de tramitación de las solicitudes iniciales o confirmatorias.

147 Parlamento Europeo (2022). *Acceso del público a los documentos 2021. Informe anual del Parlamento Europeo*, página 12.

Por otro lado, el PE señala que de acuerdo con el principio de cooperación leal, cuando recibe una solicitud de acceso a documentos de diálogos tripartitos debe consultar al Consejo y la Comisión para la evaluación de estos y su posterior divulgación. Según, el PE en la mayoría de los casos coinciden en su evaluación, pero en ocasiones tienen distintos puntos de vista sobre la divulgación, lo que puede retrasar las respuestas a las solicitudes (teniendo en cuenta que no se prevé ningún mecanismo específico para resolver estas diferencias, lo que complica aún más la situación). De esta forma, el PE explica la complejidad que puede llegar a entrañar la tramitación de las solicitudes de acceso a los documentos de diálogos tripartitos.

En cualquier caso, se incluyen estas explicaciones con el fin de contextualizar los retrasos en las respuestas a las solicitudes de acceso y, así dotar de mayor objetividad al estudio.

En tercer lugar, respecto al contenido de las respuestas a las solicitudes de acceso (si son positivas o negativas), la puntuación obtenida por el PE no resulta suficiente para alcanzar un nivel adecuado de transparencia.

Se ha identificado en el informe anual del PE, entre otras cosas, que el 19% de todas las 658 solicitudes recibidas en 2022 se referían a documentos de diálogos tripartitos (documentos de cuatro columnas) y que todas ellas se gestionaron positivamente, es decir, se concedió acceso al 100% de los documentos identificados. Ahora bien, conviene matizar este porcentaje, pues el PE cuenta las decisiones de acceso parcial como respuestas positivas.

Considerar las decisiones de acceso parcial como respuestas positivas e incluirlas en el porcentaje de solicitudes que han recibido una respuesta positiva, puede distorsionar el grado de transparencia. Cuando el PE afirma que el 100% de las solicitudes se gestionaron positivamente, parece asegurar que facilita un acceso total a todos los documentos solicitados. No obstante, esta cifra no tiene en cuenta el hecho de que algunos solicitantes no recibieron el acceso total a todos los documentos, y que, en realidad, un acceso parcial significa que parte de la información de los documentos solicitados sigue oculta, lo que implica que la respuesta ha sido en parte positiva, pero en parte, también negativa. Al considerar estas decisiones sólo como respuestas positivas, no se ofrece una imagen clara de las decisiones, lo que alienta a dudar sobre el nivel real de transparencia de los diálogos tripartitos.

En relación con la motivación de la denegación de acceso, dado que no se ha obtenido respuesta, puede resultar complicado comprobar si el PE justifica debidamente las razones por las que deniega el acceso total o parcial.

No obstante, la investigación de 2021 de la Defensora, mencionada más arriba, observó que las motivaciones para negar el acceso a los documentos a menudo son vagas y generales, lo que dificulta la comprensión de los fundamentos de la denegación. De hecho, se observó que algunas instituciones no parecían tener en cuenta la jurisprudencia más reciente o interpretaban la jurisprudencia de manera desfavorable al derecho del público de acceso.

Estas cuestiones podrían abordarse modificando el marco jurídico existente de acceso a documentos. Por un lado, el Reglamento 1049/2001 se refiere al acceso del público a los documentos. Se trata de un límite formal al acceso a la información porque, las solicitudes de documentos se realizan simplemente porque los documentos contienen información y para poder acceder a ella, es condición necesaria que se conozca el documento en el que se encuentra (ROSSI, 2022: 3-4). Reconocido esto, la intercambiabilidad entre documento e información se resiste en el Reglamento 1049/2001. Además, esto implica que, si se realizan preguntas o consultas en la solicitud de acceso, la institución puede legítimamente negarse a facilitar la información y no satisfacerla.

Por otro lado, como explicó el funcionario en su respuesta, las instituciones sólo tratan *"solicitudes de documentos preexistentes, pero no documentos que tendrían que ser creados en primer lugar sobre la base de una recopilación de información e investigación".* Esto puede resultar problemático porque restringir el acceso a los documentos preexistentes puede limitar el volumen de información a la que un ciudadano puede acceder, habida cuenta que las instituciones no están obligadas a elaborar nuevos documentos, incluso sobre la base de elementos que ya figuran en documentos existentes.

Asimismo, otro elemento que pone de manifiesto la necesidad de actualizar el Reglamento 1049/2001 es el gran número de sentencias y la evolución jurisprudencial entorno a la interpretación de varias de sus disposiciones. Por ejemplo, como se ha explicado en capítulos anteriores, el TJUE ha reconocido la importancia de adaptar el ámbito de aplicación del Reglamento 1049/2001 al contexto digital, lo que implica considerar como "documento" no sólo los físicos, sino también la información en formato digital. Además, el TJUE ha introducido conceptos ambiguos como la "búsqueda rutinaria regular", la "sofisticación suficiente" de una base de datos, la "inversión sustancial" y los "programas fácilmente disponibles en el mercado", por lo que resulta fundamental y urgente que estos conceptos sean aclarados por el TJUE o por una norma que los defina.

Estas cuestiones fueron objeto de debate en la conferencia[148] de 15 de noviembre de 2021 organizada por la Defensora del Pueblo Europeo, Emily O'Reilly, en la que participaron los representantes de las instituciones legislativas de la UE: Vĕra Jourová, Vicepresidenta de Valores y Transparencia de la Comisión Europea; Heidi Hautala, Vicepresidenta del Parlamento Europeo; y Reijo Kemppinen, Director-General de Comunicación e Información en la Secretaría General del Consejo.

Con motivo de su vigésimo aniversario, el debate se centró en la necesidad de revisar el Reglamento 1049/2001 para tener en cuenta los avances en la tecnología moderna y la jurisprudencia debido a la cantidad significativa de casos relevantes del TJUE.

Vĕra Jourová sugirió que para abordar los problemas relacionados con el acceso a las solicitudes de documentos los colegisladores deben encontrar una solución al actual estancamiento legislativo para modificar o sustituir el Reglamento 1049/2001. Dijo que la Comisión debería presentar una nueva propuesta, teniendo en cuenta la jurisprudencia reciente e incluyendo una definición más clara y actualizada del término "documento", lo que permitiría un mayor acceso público a la información. Si bien, la comisaria Jourová indicó que a la Comisión le gustaría proponer dicha revisión lo antes posible, todavía no se ha llevado a cabo.

Heidi Hautala, como representante del PE, abogó por una revisión del Reglamento 1049/2001 inminente e hizo hincapié en que sería importante tener en cuenta la jurisprudencia existente en cualquier nueva propuesta y garantizar que cualquier revisión, en cualquier caso, no conduciría a una menor transparencia.

Reijo Kemppinen, de forma mesurada y cuidadosa, afirmó que el Consejo está de acuerdo en que es necesario actualizar el Reglamento 1049/2001 para tener en cuenta el cambio tecnológico, pero que esto no debería comprometer aspectos del proceso de toma de decisiones, como la eficiencia y el espacio para negociar, que a las instituciones de la UE les gusta proteger. Argumentó que, si bien no se pueden ignorar los desarrollos tecnológicos, definir cada contenido como un documento tampoco sería una solución adecuada. En opinión del Consejo, estas cuestiones tan complejas deberían debatirse informalmente entre las instituciones antes de que se pueda presentar una propuesta para revisar el Reglamento 1049/2001.

Si bien, las instituciones han mostrado su interés en mejorar la transparencia de los procesos legislativos[149], incluso implementando los principios consolidados por la Carta Internacional de Datos Abiertos (DE CASTRO, 2020: 394), todavía no han adoptado ninguna norma que garantice la transparencia de forma más efectiva. De hecho, lo que verdaderamente prueba la necesidad de actualizar las normas sobre el acceso a documentos son los dos intentos de modificación del Reglamento 1049/2001.

En efecto, la Comisión Europea ha llegado a presentar dos propuestas de modificación del mencionado reglamento. En 2008 la Comisión presentó una propuesta de modificación y refundición del Reglamento 1049/2001[150]. Aunque el Parlamento Europeo adoptó numerosas enmiendas a esta propuesta en 2009, solo adoptó su posición en primera lectura. Posteriormente, en 2011 la Comisión propuso, como expediente legislativo independiente, modificaciones del Reglamento 1049/2001[151] con el fin de ampliar su ámbito de aplicación a todas las instituciones y órganos de la UE, y así dar cumplimiento a lo establecido en el artículo 15.3 del TFUE. No obstante, estos esfuerzos terminaron en un punto muerto legislativo de la UE.

---

148   Defensora del Pueblo Europeo (2021) *Access to EU documents: what next?*, Bruselas, 15 de noviembre de 2021. Disponible en: https://www.ombudsman.europa.eu/en/event/en/1417

149   Informe de la Comisión sobre la aplicación en 2016 del Reglamento (CE) n.º 1049/2001 relativo al acceso del público a los documentos del Parlamento Europeo, del Consejo y de la Comisión. Bruselas, 6.12.2017 COM(2017) 738 final.

150   Véase la Propuesta de Reglamento del Parlamento Europeo y del Consejo relativo al acceso del público a los documentos del Parlamento Europeo, del Consejo y de la Comisión COM(2008) 229 final. Bruselas, 30.4.2008. Disponible en: https://eur-lex.europa.eu/legal-content/ES/TXT/HTML/?uri=CELEX:52008PC0229&from=EN

151   Véase la Propuesta de Reglamento del Parlamento Europeo y del Consejo por el que se modifica el Reglamento (CE) nº 1049/2001, sobre el acceso a los documentos del Parlamento Europeo, el Consejo y la Comisión COM(2011) 137 final. Bruselas, 21.3.2011. Disponible en: https://eur-lex.europa.eu/legal-content/ES/TXT/PDF/?uri=CELEX:52011PC0137&from=PL

De todas estas consideraciones se desprende que algunos problemas de transparencia podrían abordarse en el marco del Reglamento 1049/2001. Por ejemplo, las instituciones pueden asegurarse de que los plazos sean respetados, que sus respuestas iniciales sean claras y bien argumentadas, y que se facilite más información de forma proactiva publicando los documentos en los registros. Sin embargo, para otras cuestiones, es necesario un cambio del Reglamento 1049/2001, en particular, incorporando la jurisprudencia existente, ampliando y definiendo el alcance del concepto de "documento", o incluso modificando el mismo objeto de derecho de acceso, siendo la "información" a lo que se pueda acceder.

Respecto a la pregunta sobre si el PE facilita información adicional sobre los documentos solicitados, se atribuye la máxima puntuación. La razón se basa en la respuesta a la solicitud de acceso a la agenda de los diálogos tripartitos, transcrita anteriormente. En efecto, la misma cumple con las exigencias del Reglamento 1049/2001 al facilitar unos enlaces adicionales que resultaron de utilidad para la solicitante.

Por el contrario, no se informó sobre los recursos y mecanismos existentes en caso de denegación. El agente que respondió a la solicitud afirmó que el documento solicitado no existía y no informó, ni sobre el derecho de presentar una solicitud confirmatoria, ni sobre la posibilidad de presentar un recurso judicial o reclamación ante la Defensora. Sin embargo, el hecho de que no exista un documento solicitado podría ser también objeto de solicitud confirmatoria. Además, es importante que la institución informe al solicitante sobre los mecanismos para defender su derecho de acceso a documentos (si considera que no se ha respetado) y para condenar a la institución (en el caso de que así lo declare el TJUE o la Defensora) al no cumplir adecuadamente con los niveles de transparencia exigidos por la normativa aplicable.

En cuarto lugar, el Parlamento Europeo obtiene una puntuación adecuada en la dimensión sobre la recopilación y publicación de datos sobre los documentos de diálogos tripartitos.

En primer lugar, el PE cumple con su obligación y publica anualmente los informes sobre el acceso del público a los documentos. Además, en sus informes anuales, el PE proporciona desgloses de los tipos de documentos a los que se solicita acceso. Hace referencia tanto a documentos legislativos como a administrativos, así como a documentos relacionados con los diputados y su actividad (como las reuniones y la correspondencia con grupos de representación de intereses y los gastos y dietas de los diputados).

Asimismo, el PE menciona las subcategorías más destacadas, entre las que se encuentran los documentos de los diálogos tripartitos o los relativos a las decisiones de los órganos de gobierno del Parlamento[152].

Por otro lado, el PE facilita el porcentaje de las solicitudes recibidas sobre el acceso a documentos de los diálogos tripartitos (en 2022 un 19%[153]). Además, el PE resalta el gran interés mostrado en los últimos años por los procedimientos legislativos y, en particular, las negociaciones legislativas interinstitucionales, de tal forma que las solicitudes relacionadas con los diálogos tripartitos o el trabajo de las comisiones en general representaron en 2022 aproximadamente la mitad de todas las solicitudes[154].

Sin embargo, el PE no proporciona información sobre el número o porcentaje de respuestas positivas o negativas de las solicitudes de acceso a los documentos sobre diálogos tripartitos, ni siquiera para los documentos legislativos en general. Por el contrario, proporciona estos datos contemplando el conjunto de las solicitudes, y sólo exponiendo las excepciones aplicadas a las denegaciones, sin entrar a explicar los motivos concretos que alegaron en sus respuestas para denegar el acceso.

Finalmente, en cuanto a la existencia de procedimientos judiciales abiertos contra decisiones del Parlamento Europeo que deniegan el acceso a documentos de cuatro columnas, hay que señalar que actualmente no existen casos judiciales pendientes contra el PE. Según el informe de 2020, "las decisiones del Parlamento sobre el acceso a los documentos no suelen impugnarse. En 2020 no se presentó ningún recurso de anulación ante el Tribunal de Justicia"[155].

---

152 Parlamento Europeo (2023). *Acceso del público a los documentos 2022. Informe anual del Parlamento Europeo*, páginas 4-10.

153 Ídem., página 6.

154 Ídem., página 4.

155 Parlamento Europeo (2021). *Acceso del público a los documentos 2020. Informe anual del Parlamento Europeo*, página 14.

No obstante, en 2021, el TJ anuló un auto del TG emitido en 2018, a través del cual desestimaba un recurso de anulación de *Leino-Sandberg* contra la decisión del Parlamento de denegar el acceso a una decisión del Parlamento de 8 de julio de 2015 por la que se concedía un acceso parcial a los documentos sobre diálogos tripartitos. En 2022, el TG rectificó y anuló la decisión denegatoria del Parlamento. En consecuencia, el Parlamento adoptó el 9 de enero de 2023 una nueva decisión sobre la solicitud de la demandante, concediendo acceso al documento solicitado[156].

Por otro lado, en cuanto a la existencia de investigaciones abiertas de la Defensora del Pueblo Europeo contra el PE, conviene señalar que el 7 de febrero de 2023 un solicitante presentó una reclamación a la Defensora por el retraso en facilitar el acceso público a un documento de cuatro columnas relacionado con la Ley de Mercados Digitales. El denunciante afirmaba que documentos filtrados sugerían que la información disponible en el registro web del Parlamento estaba incompleta. Posteriormente, el Parlamento concedió acceso al documento, pero fue objeto de críticas por el retraso, ya que se publicó una vez se había alcanzado un acuerdo. La Defensora, el 20 de marzo de 2023, mandó una carta a la Presidenta del PE, Roberta Metsola, comunicándole que iba a abrir una investigación sobre modo en que el Parlamento Europeo tramitó la solicitud, además, pidió al Parlamento que facilitara los documentos pertinentes. Esta investigación sigue en curso[157].

Por consiguiente, los resultados del cuestionario elaborado apoyan la hipótesis sobre la transparencia de los diálogos tripartitos y la aplicación del Reglamento 1049/2001. De acuerdo con esta, los diálogos tripartitos no son adecuadamente transparentes debido a que, por un lado, las instituciones (en este caso el Parlamento Europeo), en ocasiones, no aplican el Reglamento 1049/2001 consistentemente y de una manera oportuna, y por otro, que dicha norma en sí, en determinados aspectos, no resulta pragmática.

---

156 Parlamento Europeo (2023). Acceso del público a los documentos 2022. Informe anual del Parlamento Europeo, página 16.

157 Defensora del Pueblo Europeo (2023). *Modo en que el Parlamento Europeo tramitó una solicitud de acceso público a un «documento de cuatro columnas» relativo a las negociaciones tripartitas sobre la Ley de Mercados Digitales de la UE.* Caso 253/2023/MIK, de 20 marzo 2023.

5. Conclusiones y recomendaciones

Primero, el acceso a los documentos de las instituciones es uno de los elementos esenciales para garantizar la transparencia de la acción política democrática. Junto con las normas de buen gobierno, el acceso a documentos permite una mayor participación ciudadana y control de los poderes públicos, y ayuda a fortalecer la legitimidad de las decisiones y la democracia representativa. Si bien, la transparencia y el derecho de acceso a documentos son fenómenos relativamente recientes, actualmente son una condición *sine qua non* de un país democrático.

Segundo, la evolución de la normativa sobre el derecho de acceso a los documentos en el contexto europeo muestra un cambio hacia una mayor transparencia y apertura. Después de varios hitos significativos que han tenido eco en el marco normativo actual, el Reglamento 1049/2001 contiene los principios y disposiciones esenciales para garantizar el derecho de acceso a los documentos y, en consecuencia, la transparencia. La culminación de los esfuerzos para garantizar estos dos elementos se produjo con la entrada en vigor del Tratado de Lisboa, mediante la introducción del artículo 15 en el TFUE y con el reconocimiento del derecho de acceso en el artículo 42 de la Carta de los Derechos Fundamentales de la Unión Europea.

Tercero, el TJUE ha abordado diversos aspectos relacionados con la interpretación y aplicación del Reglamento 1049/2001, entre ellos, su interpretación general, la naturaleza de los solicitantes, el alcance de las excepciones y las presunciones de perjuicio, el interés público superior, y, en particular, la naturaleza de los documentos. En cuanto a esta última, la jurisprudencia ha llegado a reconocer la intercambiabilidad entre documento e información en el contexto digital, no en cambio, en el contexto físico relativo a los documentos impresos en papel. Esto implica que la información en formato digital en poder de las instituciones desplaza el objeto del derecho de acceso previsto en el Reglamento 1049/2001 (los documentos) y se desliza hacia uno nuevo: la información. En consecuencia, se debe reconocer que el ámbito de aplicación del Reglamento 1049/2001 –como un ámbito todavía relacionado con los documentos (clásicos)– puede no resultar adecuado y pragmático en la era digital en la que nos encontramos. Además, el TJUE ha introducido conceptos ambiguos que requieren aclaración para establecer límites claros en este nuevo marco de acceso a la información digital. Estas cuestiones plantean desafíos adicionales y precisan de una atención específica en el futuro –y esperado– cambio normativo sobre el derecho de acceso a los documentos o, como podría ser, a la información.

Cuarto, aunque el objetivo del Reglamento 1049/2001 es garantizar el acceso "más amplio posible a los documentos", esto no implica que dicho acceso sea ilimitado. Las excepciones al derecho de acceso están contempladas en el artículo 4 y pueden dividirse en dos categorías. Las excepciones del apartado 1 son obligatorias, si se considera que la divulgación menoscaba los intereses protegidos en dicho apartado, como la defensa y asuntos militares, se deniega el acceso y no se realiza ningún ejercicio de ponderación con otro interés en juego. En cambio, los apartados 2 y 3, prevén una ponderación de intereses. Estas disposiciones establecen una lista de intereses y documentos cuya divulgación puede denegarse si dicha divulgación perjudica los intereses que protegen, como el proceso de toma de decisiones. Sin embargo, esto se ve matizado por la posibilidad de que dicho interés quede anulado por un interés público superior.

La jurisprudencia ha delineado el alcance de los límites al derecho de acceso. En consecuencia, las instituciones de la UE deben interpretar y aplicar las excepciones al mismo en sentido estricto. Esto implica que para denegar el acceso a documentos deben demostrar que su divulgación puede menoscabar concreta y efectivamente el interés protegido por la excepción que invocan, y que el riesgo de dicho menoscabo es suficientemente grave, razonablemente previsible y no puramente hipotético. Paralelamente, el TJUE ha admitido presunciones generales de confidencialidad que se aplican a ciertas categorías de documentos, pero nunca las ha admitido para documentos elaborados en el marco un procedimiento legislativo.

Quinto, el Derecho de la UE prevé una toma de decisiones lo más abierta posible, y en especial, cuando las instituciones actúan en su capacidad legislativa. Las sentencias *De Capitani,* además de subrayar la necesidad de que las instituciones de la UE concedan acceso a la información mientras los procesos legislativos todavía no han finalizado, lo que incluye también los diálogos tripartitos, confirman que es difícil para las instituciones de la UE aplicar el art. 4.3 (excepción en el caso de que la divulgación afecte al proceso de toma de decisiones). Al excluir una presunción general de no divulgación para la cuarta columna de los documentos de los trílogos en curso, el TJUE obliga al PE a satisfacer el elevado nivel de prueba exigido por la jurisprudencia cuando se invoca una excepción para denegar el acceso a estos documentos. Sin embargo, no dice si esta información debe estar disponible de manera proactiva o si debe estar disponible previa solicitud.

Sexto, desde el punto de vista empírico, este trabajo ha estudiado la transparencia de los diálogos tripartitos analizando el acceso a los documentos de cuatro columnas en poder del Parlamento Europeo. Los resultados del estudio permiten concluir, en primer lugar, que es difícil averiguar qué documentos existen sobre los diálogos tripartitos llevados a cabo en un proceso legislativo sin finalizar.

En segundo lugar, muchos de los documentos de cuatro columnas divulgados en el registro del PE están incompletos porque la información relativa a la cuarta columna donde se recoge el texto compromiso no suele incluirse. En consecuencia, la accesibilidad a la totalidad de los documentos de cuatro columnas sólo suele ser posible previa solicitud.

En tercer lugar, existe actualmente una diferencia notoria entre la transparencia *de iure* y la transparencia *de facto* del proceso legislativo. Aunque particularmente dentro del PE, el aumento gradual y la evolución de los trílogos ha desencadenado un proceso normativo que ha llevado a una regulación más proactiva de los trílogos (ROEDERER-RYNNING & GREENWOOD, 2015; BRANDSMA, 2018), los resultados de este estudio muestran que las normas consagradas en el Reglamento 1049/2001 en ocasiones son poco cumplidas. Esto plantea la pregunta de hasta qué punto las disposiciones sobre el derecho de acceso a documentos obedecen a los principios de apertura y participación pública en el proceso de toma de decisiones. Profundizar sobre ello y comprender las razones detrás de esta brecha entre lo formal y lo práctico sería interesante para una investigación *a posteriori*.

En cualquier caso, la afirmación habría de ser la siguiente: todavía queda mucho margen de mejora en la forma en la que las instituciones hacen efectivo el derecho de acceso público a los documentos de los diálogos tripartitos. Algunas de las cuestiones podrían abordarse dentro del marco legal existente, de manera que las instituciones de la UE lleven a cabo un nuevo *modus operandi* que haga honor a las disposiciones del Reglamento 1049/2001. Por ejemplo, publicando proactivamente y de forma fácilmente accesibles las fechas de las reuniones y los órdenes del día de los diálogos tripartitos, así como las posiciones de negociación establecidas para las distintas rondas de negociación, o cumpliendo con los plazos previstos en la normativa o, en fin, garantizando que las respuestas sobre cualquier limitación o excepción al acceso de documentos sean claras y estén bien argumentadas.

Por otra parte, los resultados del estudio también sugieren que el marco normativo aplicable puede limitar en ocasiones el nivel de transparencia, poniendo de manifiesto la necesidad de un cambio del Reglamento 1049/2001. Por ejemplo, incorporando la jurisprudencia existente o modificando el objeto del derecho de acceso a los documentos y establecer que sea "a la información" para que los ciudadanos puedan solicitar a las instituciones de la UE directamente información sin tener que identificar el documento en el que se encuentra. Sin embargo, las instituciones de la UE tienen puntos de vista extremadamente divergentes sobre la modificación del Reglamento, lo que indica que la realización de cualquier cambio normativo sobre el acceso a documentos en el futuro va a ser larga y lenta.

Séptimo, la operacionalización de la transparencia de los diálogos tripartitos es una tarea difícil y los indicadores que la miden pueden ser discutidos. Los diálogos tripartitos se caracterizan por su informalidad y confidencialidad, por lo que, para obtener una valoración más objetiva, se puede tener en cuenta que se trata de documentos de negociaciones tripartitas en curso, cuyo desarrollo (el de las negociaciones) debe hacerse sin presiones ni injerencias. Es por ello que un ámbito donde encontrar el equilibrio entre la protección y eficiencia del proceso legislativo y el derecho al acceso a documentos como elemento imprescindible de transparencia, puede resultar complejo. No obstante, hasta ahora, apenas se ha investigado empíricamente si la transparencia conduce realmente a la ineficiencia (BRANDSMA, 2018: 17). Sería oportuno y necesario analizar en el futuro hasta qué punto un mayor acceso del público a la información menoscaba la eficiencia del proceso de la toma de decisiones.

6. Bibliografía

Fuentes bibliográficas

ABAD ALCALÁ, L. (2010). "El acceso a la información pública en la Unión Europea y en el Consejo de Europa". *Comunicación y pluralismo*, (9), 11-38.

ACCESS INFO EUROPE (2006). *Access to information: a fundamental right, a universal standard.* Madrid: Access info, 17 janvier.

ACKERMAN, J. M., & SANDOVAL-BALLESTEROS, I. E. (2006). "The global explosion of freedom of information laws". *Administrative Law Review, 58*(1), 85-130.

AKTAS, M. (2018). "The Revision of Regulation 1049/2001: Public Access Deadlocked for a Decade". *MaRBLe, 4.*

ARES GONZÁLEZ, V. (2013). "La transparencia en la Unión Europea: una visión comparada: especial referencia al derecho de acceso a la información pública". *Participación educativa.*

AUGUSTYN, M., & MONDA, C. (2011). "Transparency and Access to Documents in the EU: Ten Years on from the Adoption of Regulation 1049/2001". *EIPAScope, 2011*(1), 17-20.

BIRKINSHAW, P. (2006) 'Freedom of information and openness: fundamental human rights?', *Administrative Law Review* 58: 177-218.

BOVENS, M. (2007). "Analysing and assessing accountability: a conceptual framework", *European Law Journal* 13(4): 447-68.

BRANDSMA, G. J. (2019). "Transparency of EU informal trilogues through public feedback in the European Parliament: Promise unfulfilled". *Journal of European Public Policy, 26*(10), 1464-1483.

BRANDSMA, G.J. (2015). "Co-decision after Lisbon: the politics of informal trilogues in European Union lawmaking", *European Union Politics* 16(2): 300-19.

BRANDSMA, G.J. (2018). "Transparency of EU informal trilogues through public feedback in the European Parliament: promise unfulfilled", *Journal of European Public Policy* 26(10), 1464-1483.

COMISIÓN EUROPEA (2004). *Informe de la comisión sobre la aplicación durante el año 2003 del Reglamento (CE) n° 1049/2001 relativo al acceso del público a los documentos del Parlamento Europeo, del Consejo y de la Comisión.* Bruselas, 30 de abril de 2004, documento COM (2004) 347 final. Disponible en: https://eur-lex.europa.eu/LexUriServ/LexUriServ.do?uri=COM:2004:0347:FIN:ES:PDF

COMISIÓN EUROPEA (2017). *Informe de la Comisión sobre la aplicación en 2016 del Reglamento (CE) n.º 1049/2001 relativo al acceso del público a los documentos del Parlamento Europeo, del Consejo y de la Comisión.* Bruselas, 6.12.2017 COM(2017) 738 final.

COMISIÓN EUROPEA (2020). *Informe de la Comisión sobre la aplicación en 2019 del Reglamento (CE) n.º 1049/2001 relativo al acceso del público a los documentos del Parlamento Europeo, del Consejo y de la Comisión,* COM(2020) 561 final.

COMISIÓN EUROPEA (2022). *Final report from the Commission on the application in 2021 of Regulation (EC) No 1049/2001 regarding public access to European Parliament, Council and Commission documents.* Brussels, 3.10.2022 COM(2022) 498

COMISIÓN EUROPEA (2023). *Lucha contra la corrupción: normas más estrictas para luchar contra la corrupción en la UE y en todo el mundo. 3 de mayo de 2023.* Disponible en: https://ec.europa.eu/commission/presscorner/detail/es/ip_23_2516

CONSEJO DE LA UNIÓN EUROPEA (2023). *Proyecto de vigésimo primer informe anual del Consejo sobre la aplicación del Reglamento (CE) n.º 1049/2001 del Parlamento Europeo y del Consejo, de 30 de mayo de 2001, relativo al acceso del público a los documentos del Parlamento Europeo, del Consejo y de la Comisión*. Bruselas, 18 de abril de 2023 (OR. en) 8311/23.

COREMANS, E. (2017). "From access to documents to consumption of information: the European Commission transparency policy for the TTIP negotiations", *Politics and Governance* 5(3): 29-39.

CUCCINIELLO, M., PORUMBESCU, G.A. & GRIMMELIKHUIJSEN, S. (2017). "25 years of transparency research: evidence and future directions", *Public Administration Review* 77(1): 32-44.

CURTIN, D. & LEINO, P. (2017). "In search of transparency for EU law-making: trilogues on the cusp of dawn", *Common Market Law Review* 54(6): 1673-712.

CURTIN, D. & MEIJER, A.J. (2006). "Does transparency strengthen legitimacy?", *Information Polity* 11(2): 109-22.

CURTIN, D., & LEINO, P. (2016). "Openness, transparency and the right of access to documents in the EU: in-depth analysis for the PETI committee". *Depth Analysis (November 2016). Robert Schuman Centre for Advanced Studies Research Paper No. RSCAS, 63.*

DE CASTRO, R. (2019). *Los principios consolidados por la Carta Internacional de Datos Abierto a partir de la idea de "gobierno abierto": análisis comparado de su implementación normativa en Estados Unidos y la Unión Europea.* Universidad CEU San Pablo, CEINDO – CEU Escuela Internacional de Doctorado.

DEFENSOR DEL PUEBLO EUROPEO (2004). *Decisión del Defensor del Pueblo Europeo en el asunto 415/2003/(H) TN contra la Comisión,* de 27 de febrero 2004. Disponible en: https://www.ombudsman.europa.eu/pdf/en/3423

DEFENSOR DEL PUEBLO EUROPEO (2005). *Decisión del Defensor del Pueblo Europeo en el asunto 2066/2004/TN contra la Comisión,* de 2 de junio de 2005. Disponible en: https://www.ombudsman.europa.eu/pdf/en/3416

DEFENSOR DEL PUEBLO EUROPEO (2009). *Decisión del Defensor del Pueblo Europeo en el asunto 3208/2006/ GG contra la Comisión,* de 29 de enero de 2009. Disponible en: https://www.ombudsman.europa.eu/es/decision/es/3728

DEFENSORA DEL PUEBLO EUROPEO (2004). *Decisión en el asunto 415/2003/(H)TN contra la Comisión, de 27 de febrero 2004.* Disponible en: https://www.ombudsman.europa.eu/pdf/en/3423

DEFENSORA DEL PUEBLO EUROPEO (2015). *Decisión de la Defensora del Pueblo Europeo en la que presenta propuestas tras su investigación estratégica OI/8/2015/JAS sobre la transparencia de los trílogos.* Disponible en: https://www.ombudsman.europa.eu/en/decision/en/69206

DEFENSORA DEL PUEBLO EUROPEO (2016). *Decisión por la que se establecen propuestas a raíz de su investigación estratégica OI/8/2015/JAS sobre la transparencia de los diálogos tripartitos,* de 12 de julio de 2016.

DEFENSORA DEL PUEBLO EUROPEO (2021). *Access to EU documents: what next?,* Bruselas, 15 de noviembre de 2021. Disponible en: https://www.ombudsman.europa.eu/en/event/en/1417

DEFENSORA DEL PUEBLO EUROPEO (2021). *Report of the European Ombudsman conference - Access to EU documents: what next?* Bruselas, 29 noviembre 2021, Disponible en: https://www.ombudsman.europa.eu/es/cvent document/en/149745

DEFENSORA DEL PUEBLO EUROPEO (2023). *Annual report 2021 on access to documents requests under Regulation 1049/2001,* 13 de enero de 2023. Disponible en: https://www.ombudsman.europa.eu/es/document/en/164817

DEFENSORA DEL PUEBLO EUROPEO (2023). *Modo en que el Parlamento Europeo tramitó una solicitud de acceso público a un «documento de cuatro columnas» relativo a las negociaciones tripartitas sobre la Ley de Mercados Digitales de la UE.* Caso 253/2023/MIK, 20 marzo 2023.

DÍAZ ABAD, N. (2011). Acceso a documentos de las Instituciones de la Unión Europea. *Asuntos para la Unión Europea e Internacionales.*

DONATI, F. (2011). "Access to Documents in the EU Law". *From Information to Knowledge* (pp. 33-38). IOS Press.

DRIESSEN, B. (2012). *Transparency in EU institutional law: a practitioner's handbook.* 2ª Edición. Kluwer Law International.

EL PAÍS (2022). *Las claves de 'Qatargate', el escándalo de sobornos que ha sacudido el Parlamento Europeo*. Disponible en: https://elpais.com/internacional/2022-12-13/las-claves-de-qatargate-el-escandalo-de-sobornos-que-ha-sa-cudido-el-parlamento-europeo.html

GRIMMELIKHUIJSEN, S. *et al.* (2013). "The effect of transparency on trust in government: a cross-national comparative experiment", *Public Administration Review* 73(4): 575–86.

GUICHOT, E. (2003). "El nuevo derecho europeo de acceso a la información pública". *Revista de administración pública, 160, 283-315.*

GUICHOT, E. (2023) *El acceso a la información pública en el derecho europeo.* Valencia Tirant lo Blanch.

HEALD, A. (2006). "Varieties of transparency, Transparency: The Key to Better Governance?", *Oxford: Oxford University Press*, pp. 25-43.

HÉRITIER, A. (2003). "Composite democracy in Europe: the role of transparency and access to information". *Journal of European public policy, 10*(5), 814-833.

HOLMES, S. (2008). *Más allá del acceso a la información: transparencia, rendición de cuentas y estado de derecho.* Siglo XXI.

HUESO, L. C. (2017). "El reconocimiento y contenido internacional del acceso a la información pública como derecho fundamental". *Teoría y realidad constitucional,* (40), 279-316.

LEINO, P. (2017). "Secrecy, efficiency, transparency in EU negotiations: conflicting paradigms?", *Politics and Governance* 5(3): 6–15.

LESTON-BANDEIRA, C. (2012). "The pursuit of legitimacy as a key driver for public engagement: the European Parliament case", *Parliamentary Affairs* 67(2): 415–36.

LINDGREN, K.O. AND PERSSON, T. (2010). "Input and output legitimacy: synergy or trade-off? Empirical evidence from an EU survey", *Journal of European Public Policy* 17(4): 449– 67.

LORD, C. (2013). "The democratic legitimacy of codecision", *Journal of European Public Policy* 20(7): 1056–73.

MARTÍN, A. M. (2008). "Carta de los Derechos Fundamentales de la Unión Europea: comentario artículo por artículo". *Fundación BBVA.*

MARTINES, F. (2018). "Transparency of Legislative Procedures and Access to Acts of Trilogues: Case T-540/15, De Capitani v. European Parliament". *European Papers-A Journal on Law and Integration, 2018*(2), 947-959.

MEIJER, A., HART, P. & WORTHY, B. (2018). "Assessing government transparency: an interpretive framework", *Administration & Society* 50(4): 501–26.

MENDES, J. (2020). "The Principle of Transparency and Access to Documents in the EU: For What, for Whom and of What?". *University of Luxembourg Law Working Paper,* (2020-004).

MOSER, C. (2001). "How open is' open as possible'? Three different approaches to transparency and openness in regulating access to EU documents". *IHS Political Science Serie*s, No. 80.

MUSTONEN, J. (2006). "The world's first freedom of information act: Anders Chydenius' legacy today". *Kokkola: Anders Chydenius Foundation.*

NEUHOLD, C. & NASTASE, A. (2017). "Transparency watchdog: guarding the law and independent from politics? The relationship between the European Ombudsman and the European Parliament", *Politics and Governance* 5(3): 40–50.

PARLAMENTO EUROPEO (2021). *Acceso del público a los documentos 2020. Informe anual del Parlamento Europeo.* Disponible en: http://www.europarl.europa.eu/RegData/publications/rapports_annuels/2020/P9_AR(2020) ATD_ES.pdf

PARLAMENTO EUROPEO (2022). *Acceso del público a los documentos 2021. Informe anual del Parlamento Europeo.* Disponible en: http://www.europarl.europa.eu/RegData/publications/rapports_annuels/2021/P9_AR(2021)ATD_ES.pdf

PARLAMENTO EUROPEO (2022). *Escándalo de corrupción: los eurodiputados plantean cambios para mejorar la transparencia.* Disponible en: https://www.europarl.europa.eu/news/es/press-room/20221212IPR64541/escandalo-de-corrupcion-eurodiputados-plantean-cambios-para-mas-transparencia

PARLAMENTO EUROPEO (2023). *Acceso del público a los documentos 2022. Informe anual del Parlamento Europeo.* Disponible en: https://www.europarl.europa.eu/RegData/publications/rapports_annuels/2022/P9_AR(2022)ATD_ES.pdf

PARLAMENTO EUROPEO (2023). *Acceso del público a los documentos 2022. Informe anual del Parlamento Europeo.* Disponible en: https://www.europarl.europa.eu/RegData/publications/rapports_annuels/2022/P9_AR(2022)ATD_ES.pdf

PARLAMENTO EUROPEO (2023). *Reglamento interno del Parlamento Europeo 9º legislatura.* Bruselas, mayo de 2023.

PRAT, A. (2005). "The wrong kind of transparency", *The American Economic Review* 95(3): 862-77.

RASMUSSEN, A. & REH, C. (2013). "The consequences of concluding codecision early: trilogues and intra-institutional bargaining success", *Journal of European Public Policy* 20(7): 1006-24.

REH, C. (2014). "Is informal politics undemocratic? Trilogues, early agreements and the selection model of representation", *Journal of European Public Policy* 21(6): 822-41.

ROEDERER-RYNNING, C. & GREENWOOD, J. (2015). "The culture of trilogues", *Journal of European Public Policy* 22(8): 1148-65.

ROEDERER-RYNNING, C. & GREENWOOD, J. (2017). "The European Parliament as a developing legislature: coming of age in trilogues?", *Journal of European Public Policy* 24 (5): 735-54.

ROSSI, L. (2023). "Easy does it: pressing the right buttons in public access to documents of the EU", *ERA Forum* (pp. 1-14).

ROSSI, L., & E SILVA, P. (2017). *Public Access to Documents in the EU.* Bloomsbury Publishing.

ROSSI, L., & SILVA, P. V. (2017). "Public Access to Documents in the EU", *Bloomsbury Publishing.*

RUGGE, G. (2019). "Trilogues and access to documents: De Capitani v. Parliament". *Common Market L. Rev., 56,* 237.

SETTEMBRI, P. (2005) "Transparency and the EU legislator: "let he who is without sin cast the first stone"", *Journal of Common Market Studies* 43(3): 637-54.

SHACKLETON, M. (2014) "The European Parliament "on air"", in T. Blom and S. Vanhoonacker (eds.), *The Politics of Information: The Case of the European Union,* Houndmills: Palgrave MacMillan, pp. 193-207.

SHACKLETON, M. AND RAUNIO, T. (2003) "Codecision since Amsterdam: a laboratory for institutional innovation and change", *Journal of European Public Policy* 10(2): 171-88.

SORO, M. F. Q. (2013). "La transparencia en la Unión Europea". *Métodos de información, 3*(5), 177-203.

STASAVAGE, D. (2004) "Open-door or closed-door? Transparency in domestic and international bargaining", *International Organization* 58(4): 667-703.

STIE, A.E. (2015) "Democratic Decision-Making in the EU: Technocracy in Disguise?" *London: Routledge.*

TORRES-FERNÁNDEZ NIETO, J.J. (2022). "Acceso a la información pública y transparencia: Examen de los principales problemas y jurisprudencia que plantea el acceso a la información pública" (Vol. 1444). *Aranzadi/Civitas.*

WEBER, M. (2002). "*Economía y sociedad: esbozo de sociología comprensiva*"; 2º ed. trad. ECHAVARRÍA, J. ed. WINCKELMANN, J. México: Fondo de Cultura Económica.

Recursos electrónicos

CONSEJO DE LA UNIÓN EUROPEA (2023). *Registro de documentos*. Disponible en: https://www.consilium.europa.eu/es/documents-publications/public-register/

COMISIÓN EUROPEA (2023). *Registro de documentos de la Comisión*. Disponible en: https://ec.europa.eu/transparency/documentsregister/detail?ref=C(2022)2319&lang=es

PARLAMENTO EUROPEO (2023). *Registro Público de documentos*. Disponible en: https://www.europarl.europa.eu/RegistreWeb/home/welcome.htm?language=es

PARLAMENTO EUROPEO (2023). *Formulario de solicitud de documentos*. Disponible en: https://www.europarl.europa.eu/RegistreWeb/requestdoc/secured/form.htm?language=ES

PARLAMENTO EUROPEO (2023). *Formulario de contacto*. Disponible en: https://www.europarl.europa.eu/forms/en/ask-ep

UNIÓN EUROPEA (2021). *Registro de Transparencia*. Disponible en: https://ec.europa.eu/transparencyregister/public/staticPage/displayStaticPage.do;TRPUBLIC-ID-prod=G-cXzHftR61kHpE35J8rq5kYg8AbiVOcE_jHBwidR-6VKn9mWaCrh!2041958471?locale=es&reference=WHY_TRANSPARENCY_REGISTER

Legislación

Irlanda

Ley Irlandesa de libertad de información (2014).

Países Bajos

Ley de Gobierno Abierto, de 1 de abril de 2023.

España

Ley 19/2013, de 9 de diciembre, de Transparencia, Acceso a la Información Pública y Buen Gobierno.

Francia

Ley n.º 2016-1321 de 7 de octubre de 2016 para una República Digital, JORF n.º 0235 de 8 de octubre de 2016.

Ley n° 78-753 de 17 de julio de 1978 relativa a diversas medidas para mejorar las relaciones entre la administración y el público y a diversas disposiciones administrativas, sociales y fiscales, JORF de 18 de julio de 1978.

Orden nº 2009-483 de 29 de abril de 2009 adoptada en aplicación del artículo 35 de la ley nº 2008-696 de 15 de julio de 2008 relativa a los archivos. JORF n°0101 de 30 de abril de 2009.

Orden nº 2015-1341 de 23 de octubre de 2015 relativa a las disposiciones legislativas del código de relaciones entre el público y la administración.

Alemania

Ley Federal que regula el acceso a la información en poder del Gobierno Federal (Ley de Libertad de Información) de 5 de septiembre de 2005.

Unión Europea

Tratados/Cartas

Tratado de Ámsterdam por el que se modifican el Tratado de la Unión Europea, los Tratados constitutivos de las Comunidades Europeas y determinados actos conexos. *Diario Oficial de las Comunidades Europeas, C 340, 10 de noviembre de 1997, p. 1.*

Carta de los Derechos Fundamentales de la Unión Europea. *Diario Oficial de la Unión Europea, C 83, 30 de marzo de 2010, p. 380.*

Versión consolidada del Tratado de la Unión Europea. *Diario Oficial de la Unión Europea,* C 326, 26 de octubre de 2012, p.13

Versión consolidada del Tratado de Funcionamiento de la Unión Europea. *Diario Oficial de la Unión Europea,* C83, vol. 53, Unión Europea, 30 de marzo de 2010, p. 47.

Reglamentos

Reglamento (CE) nº 1049/2001 del Parlamento Europeo y del Consejo, de 30 de mayo de 2001, relativo al acceso del público a los documentos del Parlamento Europeo, del Consejo y de la Comisión. *Diario Oficial de la Unión Europea,* L 145, 31 de mayo de 2001, p. 43-48.

Reglamento (CE) nº 1367/2006 del Parlamento Europeo y del Consejo, de 6 de septiembre de 2006, relativo a la aplicación, a las instituciones y a los organismos comunitarios, de las disposiciones del Convenio de Aarhus sobre el acceso a la información, la participación del público en la toma de decisiones y el acceso a la justicia en materia de medio ambiente. *Diario Oficial de la Unión Europea,* L 264, de 25 de septiembre de 2006, p. 13-19.

Decisiones

Decisión de la Comisión, de 5 de diciembre de 2001, por la que se modifica su Reglamento interno (2001/937/CE, CECA, Euratom). *Diario Oficial de la Unión Europea,* L 345 de 29 de diciembre de 2001, págs. 94 – 98.

Decisión del Consejo de 1 de diciembre de 2009 por la que se aprueba su Reglamento interno (2009/937/UE). *Diario Oficial de la Unión Europea,* L 325 de 11 de diciembre de 2009, p. 35.

Decisión del Parlamento Europeo de 23 de octubre de 2002 sobre la aplicación del Acuerdo interinstitucional relativo al acceso del Parlamento Europeo a la información sensible del Consejo en el ámbito de la política de seguridad y de defensa. *Diario Oficial de la Unión Europea,* C 298 de 30 noviembre de 2002, p. 4.

Decisión del Parlamento Europeo, del Consejo y de la Comisión relativa a las modalidades de ejercicio del derecho de investigación del Parlamento Europeo. *Diario Oficial de la Unión Europea,* L 113, 19 de mayo de 1995.

Otros actos no legislativos

Acuerdo Interinstitucional de 16 de diciembre de 2020 entre el Parlamento Europeo, el Consejo de la Unión Europea y la Comisión Europea sobre disciplina presupuestaria, cooperación en materia presupuestaria y buena gestión financiera, así como sobre nuevos recursos propios, en particular una hoja de ruta para la introducción de nuevos recursos propios. *Diario Oficial de la Unión Europea,* L 433I de 22 de diciembre de 2020, p. 28/46.

Acuerdo interinstitucional de 20 de noviembre de 2002 entre el Parlamento Europeo y el Consejo relativo al acceso del Parlamento Europeo a la información sensible del Consejo en el ámbito de la política de seguridad y de defensa. *Diarto Oficiul de la Unión Europea,* C 298 de 30 de noviembre de2002, p. 1.

Acuerdo interinstitucional entre el Parlamento Europeo, el Consejo de la Unión Europea y la Comisión Europea sobre la mejora de la legislación. *Diario Oficial de la Unión Europea,* L 123, 12 de mayo de 2016, p. 1-14.

Código de buena conducta administrativa para el personal de la Comisión Europea en sus relaciones con el público anejo al Reglamento interno de la Comisión Europea. *Diario Oficial de la Unión Europea,* L 308 de 8 de diciembre de 2000, p. 26.

Reglamento interno del Parlamento Europeo, 9.a legislatura, julio de 2019, *Diario Oficial de la Unión Europea,* L 302, 22 de noviembre de 2019.

Propuesta de Reglamento del Parlamento Europeo y del Consejo relativo al acceso del público a los documentos del Parlamento Europeo, del Consejo y de la Comisión COM(2008) 229 final. Bruselas, 30.4.2008.

Propuesta de Reglamento del Parlamento Europeo y del Consejo por el que se modifica el Reglamento (CE) nº 1049/2001, sobre el acceso a los documentos del Parlamento Europeo, el Consejo y la Comisión COM(2011) 137 final. Bruselas, 21.3.2011.

Sentencias del Tribunal de Justicia de la Unión Europea

Auto del Tribunal de Justicia de 6 de diciembre de 1990, *Imm, Rechter-commissaris bij de Arrondissementsrechtbank Groningen* - Países Bajos contra Comisión, asunto C-2/88, ECLI:EU:C:1990:440-

Auto del Tribunal de Primera Instancia de 27 de octubre de 1999, *Meyer* contra Comisión, asunto T106/99, ECLI:EU:T:1999:272,

Sentencia del Tribunal de Justicia (Gran Sala) de 1 de julio de 2008, Reino de Suecia y *Maurizio Turco* contra Consejo de la Unión Europea, asuntos acumulados C-39/05 P y C-52/05 P, ECLI:EU:C:2008:374.

Sentencia del Tribunal de Justicia (Gran Sala) de 18 de diciembre de 2007, Reino de Suecia contra Comisión de las Comunidades Europeas y otros, asunto C-64/05 P, ECLI:EU:C:2007:802.

Sentencia del Tribunal de Justicia (Gran Sala) de 18 de julio de 2017, Comisión Europea contra *Patrick Breyer*, asunto C-213/15 P, EU:C:2017:563.

Sentencia del Tribunal de Justicia (Gran Sala) de 21 de septiembre de 2010, Reino de Suecia contra *Association de la presse internationale* ASBL (API) y Comisión Europea, C-514/07 P, ECLI:EU:C:2010:541.

Sentencia del Tribunal de Justicia (Gran Sala) de 29 de junio de 2010, Comisión Europea contra *Technische Glaswerke Ilmenau GmbH*, asunto C-139/07 P, ECLI:EU:C:2010:376.

Sentencia del Tribunal de Justicia (Gran Sala) de 4 de septiembre de 2018, *ClientEarth* contra Comisión Europea, asunto C-57/16 P, ECLI:EU:C:2018:660.

Sentencia del Tribunal de Justicia (Sala Novena) de 14 de julio de 2016, *Sea Handling SpA*, en liquidación, anteriormente *Sea Handling SpA*, contra Comisión Europea, asunto C-271/15 P, ECLI:EU:C:2016:557.

Sentencia del Tribunal de Justicia (Sala Primera) de 11 de enero de 2017, *Rainer Typke* contra Comisión Europea, asunto C-491/15, ECLI:EU:C:2017:5.

Sentencia del Tribunal de Justicia (Sala Quinta) de 13 de julio de 2017, *Saint-Gobain Glass Deutschland GmbH* contra Comisión Europea, asunto C-60/15 P, ECLI:EU:C:2017:540.

Sentencia del Tribunal de Justicia (Sala Segunda) de 16 de julio de 2015, *ClientEarth* contra Comisión, asunto C-612/13 P, EU:C:2015:486.

Sentencia del Tribunal de Justicia de 30 de abril de 1996. Reino de los Países Bajos contra Consejo de la Unión Europea. Asunto C-58/94. ECLI:EU:C:1996:171

Sentencia del Tribunal de Justicia de 6 de diciembre de 2001, Consejo de la Unión Europea contra *Heidi Hautala*, Asunto C-353/99 P, ECLI:EU:C:2001:661

Sentencia del Tribunal de Primera Instancia (Sala Cuarta) de 25 de abril de 2007, *WWF European Policy Programme* contra Consejo de la Unión Europea, asunto T-264/04, ECLI:EU:T:2007:114

Sentencia del Tribunal de Primera Instancia (Sala Primera ampliada) de 13 de abril de 2005, *Verein für Konsumenteninformation* contra Comisión de las Comunidades Europeas, asunto T-2/03, ECLI:EU:T:2005:125.

Sentencia del Tribunal de Primera Instancia (Sala Segunda ampliada) de 19 de octubre de 1995. *John Carvel y Guardian Newspapers Ltd* contra Consejo de la Unión Europea. Asunto T-194/94, ECLI:EU:T:1995:183

Sentencia del Tribunal de Primera Instancia (Sala Séptima) de 11 de marzo de 2009, *Borax Europe Ltd* contra Comisión de las Comunidades Europeas, asunto T-121/05, ECLI:EU:T:2009:64.

Sentencia del Tribunal de Primera Instancia (Sala Tercera ampliada) de 9 de septiembre de 2008, *MyTravel Group plc* contra Comisión de las Comunidades Europeas, asunto T-403/05, ECLI:EU:T:2008:316.

Sentencia del Tribunal de Primera Instancia de 19 de julio de 1999, *Rothmans International BV* contra Comisión, asunto T-188/97, ECLI:EU:T:1999:156

Sentencia del Tribunal de Primera Instancia de 19 de julio de 1999, *Heidi Hautala* contra Comisión, T-14/98, ECLI:EU:T:1999:157   .

Sentencia del Tribunal de Primera Instancia de 7 de diciembre de 1999, *Interporc Imund Export GmbH* contra Comisión, asunto T-92/98, ECLI:EU:T:1999:308

Sentencia del Tribunal General (Sala Cuarta) de 26 de enero de 2022, *Kedrion SpA* contra Agencia Europea de Medicamentos, asunto T-570/20, ECLI:EU:T:2022:20.

Sentencia del Tribunal General (Sala Décima ampliada) de 25 de enero de 2023, *Emilio De Capitani* contra Consejo de la Unión Europea, asunto T-163/21, ECLI:EU:T:2023:15.

Sentencia del Tribunal General (Sala Décima ampliada) de 25 de enero de 2023, *Emilio De Capitani* contra Consejo de la Unión Europea, asunto T-163/21, ECLI:EU:T:2023:15.

Sentencia del Tribunal General (Sala Octava) de 15 de septiembre de 2016, *Philip Morris Ltd* contra Comisión Europea, asunto T-796/14, ECLI:EU:T:2016:483.

Sentencia del Tribunal General (Sala Primera) de 27 de noviembre de 2019, *Luisa Izuzquiza y Arne Semsrott* contra Agencia Europea de la Guardia de Fronteras y Costas, asunto T-31/18, ECLI:EU:T:2019:815.

Sentencia del Tribunal General (Sala Segunda) de 13 de noviembre de 2015, *ClientEarth* contra Comisión Europea, asuntos acumulados T-424/14 y T-425/14, ECLI:EU:T:2015:848.

Sentencia del Tribunal General (Sala Séptima ampliada) de 22 de marzo de 2018, *Emilio De Capitani* contra Parlamento Europeo, asunto T-540/15, ECLI:EU:T:2018:167.

Sentencia del Tribunal General (Sala Séptima) de 18 de septiembre de 2015, *Samuli Miettinen* contra Consejo de la Unión Europea, asunto T-395/13, ECLI:EU:T:2015:648.

Sentencia del Tribunal General (Sala Tercera) de 2 de julio de 2015, *Rainer Typke* contra Comisión Europea, asunto T-214/13, ECLI:EU:T:2015:448.

Sentencia del Tribunal General (Sala Tercera) de 22 de marzo de 2011, *Access Info Europe* contra Consejo de la Unión Europea, asunto T-233/09, ECLI:EU:T:2011:10.

Sentencia del Tribunal General (Sala Tercera) de 26 de octubre de 2011, *Julien Dufour* contra Banco Central Europeo, asunto T-436/09, ECLI:EU:T:2011:634.

Conclusiones de Abogados Generales

Conclusiones de la Abogada General Kokott de 3 de marzo de 2011, Reino de Suecia contra *MyTravel Group* plc y Comisión, asunto C-506/08 P, ECLI:EU:C:2011:107.

Conclusiones del Abogado General Cruz Villalón de 16 de mayo de 2013, Consejo de la Unión Europea contra *Access Info Europe*. asunto C-280/11 P, ECLI:EU:C:2013:325.

Conclusiones del Abogado General Sr. Giuseppe Tesauro de 28 de noviembre de 1995, Países Bajos contra Consejo, C 58/94, ECLI:EU:C:1995:409.

Conclusiones del Abogado General Sr. Michal Bobek, de 21 de septiembre de 2016, *Rainer Typke* contra Comisión Europea, asunto C-491/15 P, ECLI:EU:C:2016:711.

7. Anexos

ANEXO I: Documento "cuatro columnas" del diálogo tripartito celebrado el 8 de junio de 2023, en el marco de la Propuesta de DIRECTIVA DEL PARLAMENTO EUROPEO Y DEL CONSEJO sobre diligencia debida de las empresas en materia de sostenibilidad y por la que se modifica la Directiva (UE) 2019/1937 (COM/2022/71 final).

ANEXO II: Documento "cuatro columnas" del diálogo tripartito celebrado el 8 de marzo de 2023, en el marco de la Propuesta de REGLAMENTO DEL PARLAMENTO EUROPEO Y DEL CONSEJO por el que se establece un marco de medidas para reforzar el ecosistema europeo de semiconductores (Ley de Chips) (COM/2022/46 final).

Números Publicados
Serie Unión Europea y Relaciones Internacionales

Serie Política de la Competencia y Regulación